O ETERNO
E SEU PLANO FASCINANTE

A CRIAÇÃO DIVINA NO LIVRO DE GÊNESIS

Editora Appris Ltda.
1.ª Edição - Copyright© 2025 dos autores
Direitos de Edição Reservados à Editora Appris Ltda.

Nenhuma parte desta obra poderá ser utilizada indevidamente, sem estar de acordo com a Lei nº 9.610/98. Se incorreções forem encontradas, serão de exclusiva responsabilidade de seus organizadores. Foi realizado o Depósito Legal na Fundação Biblioteca Nacional, de acordo com as Leis nos 10.994, de 14/12/2004, e 12.192, de 14/01/2010.

Catalogação na Fonte
Elaborado por: Josefina A. S. Guedes
Bibliotecária CRB 9/870

C679e 2025	Coimbra, Etevaldo Oliveiras O Eterno e seu plano fascinante: a criação divina no livro de Gênesis / Etevaldo Oliveiras Coimbra. – 1. ed. – Curitiba: Appris, 2025. 210 p. ; 23 cm. ISBN 978-65-250-7780-2 1. Criação – Doutrina bíblia. 2. Criacionismo. 3. Deus. I. Título. CDD – 222.11

Livro de acordo com a normalização técnica da ABNT

Appris *editora*

Editora e Livraria Appris Ltda.
Av. Manoel Ribas, 2265 – Mercês
Curitiba/PR – CEP: 80810-002
Tel. (41) 3156 - 4731
www.editoraappris.com.br

Printed in Brazil
Impresso no Brasil

Etevaldo Oliveiras Coimbra

O ETERNO
E SEU PLANO FASCINANTE

A CRIAÇÃO DIVINA NO LIVRO DE GÊNESIS

Curitiba, PR
2025

FICHA TÉCNICA

EDITORIAL	Augusto Coelho
	Sara C. de Andrade Coelho
COMITÊ EDITORIAL	Brasil Delmar Zanatta Junior
	Estevão Misael da Silva
	Gilcione Freitas
	Luis Carlos de Almeida Oliveira
	Viviane Freitas
CURADORIA DE CONTEÚDO E IMPACTO COMERCIAL	Marli C. de Andrade
SUPERVISORA EDITORIAL	Renata C. Lopes
PRODUÇÃO EDITORIAL	Bruna Santos
REVISÃO	Raquel Fuchs
DIAGRAMAÇÃO	Bruno Ferreira Nascimento
CAPA	Eneo Lage
REVISÃO DE PROVA	Alice Ramos

Nesta tocante dedicatória, expresso meu profundo amor e gratidão à família, oferecendo meu livro como um presente eterno. Com palavras carregadas de emoção, homenageio minha esposa e meus filhos, revelando a importância dos laços familiares em minha vida e obra. Esta dedicatória é um testemunho do valor inestimável que eu atribuo às relações familiares, eternizando meu afeto nestas páginas.

O coração da família: Maria, Ebenézer e Ácsa.

À minha amada esposa, Maria Coimbra, dedico este livro com todo o meu amor. Você é o alicerce da nossa família, minha companheira inseparável nas alegrias e nas dificuldades. Sua força, dedicação e carinho são a inspiração que me move todos os dias. Este livro é um tributo ao nosso amor e à jornada que compartilhamos juntos.

Aos meus queridos filhos, Ebenézer e Ácsa Sunamita, vocês são a luz dos meus olhos e a alegria do meu coração. Cada palavra deste livro carrega o amor que sinto por vocês e a esperança que tenho para o futuro de nossa família. Que as lições e reflexões contidas nestas páginas possam guiá-los em suas próprias jornadas de vida.

Que este livro sirva como um lembrete constante do amor que une a família Coimbra, e que suas palavras continuem a inspirar, confortar e guiar as futuras gerações. Que o amor expresso nestas páginas seja verdadeiramente eterno, assim como o plano divino tão eloquentemente descreve em sua obra.

Biografia de Etevaldo Oliveiras Coimbra:
um evangelista e teólogo dedicado

Etevaldo Oliveiras Coimbra, evangelista e teólogo brasileiro de 49 anos, nascido e criado no Brasil, dedica sua vida ao serviço religioso e ao estudo teológico, combinando sua formação acadêmica em Teologia com sua paixão pela fé cristã.

Origens e vida familiar

Família

É casado com Maria Coimbra, formando uma união sólida baseada em valores cristãos. Juntos, construíram uma família amorosa, tendo como filhos Ebenézer Coimbra e Àcsa Sunamita Coimbra. A família Coimbra é conhecida por sua dedicação à fé e por seu envolvimento ativo na comunidade religiosa local.

Raízes

Atualmente, Etevaldo reside na cidade de Campo Novo do Parecis/MT.

Formação acadêmica e teológica

O autor iniciou sua jornada acadêmica com um bacharelado em Teologia, estabelecendo uma base sólida para sua carreira religiosa e estudos futuros. O autor também tem pós-graduação em Ciências da Religião.

Etevaldo se especializou em Hebraico Bíblico, focando no contexto judaico do Novo Testamento e na geografia bíblica, enriquecendo sua interpretação das escrituras.

Seu compromisso com o estudo aprofundado o levou a se formar em Bíblia Hebraica, com ênfase específica na Torá, utilizando textos originais.

Carreira como evangelista

Um marco significativo na carreira de Etevaldo é a publicação deste primeiro livro, *O eterno e seu plano fascinante*. Esta obra representa a culminação de anos de estudo, reflexão e experiência espiritual do autor.

O livro explora a concepção cristã de Deus como o Eterno e seu plano divino para a humanidade. Utilizando sua vasta formação teológica e seu conhecimento do hebraico bíblico, Etevaldo oferece uma perspectiva única e profunda sobre temas fundamentais da fé cristã.

Em *O Eterno e Seu plano fascinante*, o autor aborda questões como o propósito da criação, o papel da humanidade no plano divino, o reino de Deus e a responsabilidade da criação, a relação entre Deus e o homem ao longo da história bíblica. O livro combina análises teológicas rigorosas com *insights* práticos para a vida cristã contemporânea, tornando-o acessível tanto para estudiosos quanto para leitores leigos interessados em aprofundar sua fé.

SUMÁRIO

INTRODUÇÃO — 13

1
O ATO DA CRIAÇÃO — 16

2
A MAJESTOSA OBRA DA CRIAÇÃO — 22

3
UMA ANÁLISE TEOLÓGICA E LINGUÍSTICA — 27

4
LUZ, TREVAS E A EXPANSÃO DOS CÉUS — 32

5
A LUZ PRIMORDIAL E A ORDEM CÓSMICA NA CRIAÇÃO — 36

6
A CRIAÇÃO DIVINA: UMA ANÁLISE TEOLÓGICA E LINGUÍSTICA — 44

7
O ETERNO E A SUA OBRA MAGISTRAL — 48

8
UM TESTEMUNHO DE PODER, SABEDORIA E AMOR — 52

9
A CRIAÇÃO COMO TESTEMUNHO DA GLÓRIA DE DEUS — 57

10
O CHAMADO À ADORAÇÃO POR MEIO DA CRIAÇÃO — 62

11
CELEBRANDO A GLÓRIA DE DEUS MANIFESTA EM SUA CRIAÇÃO — 68

12
A GLÓRIA DE DEUS REVELADA NO UNIVERSO — 72

13
O PROPÓSITO DIVINO: UMA JORNADA POR MEIO DAS ESCRITURAS — 80

14
A CRIAÇÃO, QUEDA E REDENÇÃO ... 85

15
O JARDIM DO ÉDEN: O PRIMEIRO SANTUÁRIO ... 88

16
COMUNHÃO: O CORAÇÃO DO PROPÓSITO DIVINO ... 92

17
A NOVA CRIAÇÃO EM CRISTO: UMA JORNADA PELAS ESCRITURAS ... 93

18
DO ÉDEN À NOVA JERUSALÉM: A JORNADA DA COMUNHÃO DIVINA ... 97

19
A PRESTAÇÃO DE CONTAS A DEUS: DO ÉDEN AO JUÍZO FINAL ... 101

20
A JORNADA DA REDENÇÃO: DE GÊNESIS A APOCALIPSE ... 106

21
O PROPÓSITO DIVINO NOS SALMOS ... 110

22
A JORNADA DE ADORAÇÃO: DE SALMOS A APOCALIPSE ... 114

23
O PROPÓSITO DIVINO EM CRISTO: DE GÊNESIS A APOCALIPSE ... 119

24
JESUS CRISTO: O EXEMPLO PERFEITO DE REGENTE ... 123

25
A CRIAÇÃO DIVINA E O PROPÓSITO ETERNO DE DEUS ... 129

26
GRATIDÃO A DEUS: DA CRIAÇÃO À NOVA JERUSALÉM ... 134

27
A GERAÇÃO DO REINO: O PLANO DE DEUS PARA AS NAÇÕES ... 138

28
A VISÃO DE NABUCODONOSOR E O REINO ETERNO DE DEUS ... 143

29
A MISSÃO DOS DISCÍPULOS E A EXPANSÃO DO REINO DE DEUS — 147

30
A GERAÇÃO DO REINO: O PLANO ETERNO DE DEUS — 153

31
A UNIDADE EM CRISTO E A HERANÇA DA PROMESSA — 160

32
JESUS: O CAMINHO PARA O PAI E A NOVA GERAÇÃO ELEITA — 165

33
O PLANO FASCINANTE DO ALTÍSSIMO: A CRIAÇÃO E O DOMÍNIO DO HOMEM — 170

34
A JORNADA DA HUMANIDADE: DA CRIAÇÃO À REDENÇÃO — 174

35
O NASCIMENTO DE SETE: UMA NOVA ESPERANÇA — 177

36
A GENEALOGIA BÍBLICA E A COMUNHÃO COM DEUS — 181

37
A JORNADA DA REDENÇÃO: DE NOÉ A CRISTO — 185

38
O HOMEM: PARTE CELESTIAL E PARTE HUMANA — 190

39
A HISTÓRIA DE NOÉ: UM PLANO DIVINO PARA A HUMANIDADE — 194

40
A TERRA E SEUS HABITANTES PERTENCEM AO SENHOR — 199

41
A JORNADA ESPIRITUAL DA HUMANIDADE: DE ADÃO A ENOS — 204

INTRODUÇÃO

Este livro nos leva em uma jornada espiritual por meio da narrativa bíblica de Gênesis a Apocalipse. Exploraremos a criação divina, o plano da salvação e o destino eterno da humanidade, descobrindo as maravilhas do mundo de Deus e nosso papel nessa grandiosa história.

A JORNADA DA CRIAÇÃO

Embarcaremos em uma fascinante exploração da narrativa bíblica da criação, revelando o plano eterno de Deus e Sua obra magistral. Desde o primeiro momento da existência até a culminação do propósito divino, testemunharemos a sabedoria e o poder incomparável do Criador.

DE GÊNESIS AO APOCALIPSE

Nossa jornada nos levará por meio dos eventos cruciais da Bíblia, desde a criação no Gênesis até as revelações finais no Apocalipse. Cada capítulo da história sagrada revela mais sobre o plano divino e o papel da humanidade nele.

O PLANO DA SALVAÇÃO

Exploraremos o plano divino para a salvação da humanidade, revelando como Deus, em Sua infinita misericórdia, oferece redenção a todos. Esse plano, concebido antes da fundação do mundo, demonstra o amor incondicional de Deus por Sua criação.

O DESTINO ETERNO DA HUMANIDADE

Analisaremos o propósito final de Deus para a humanidade, explorando conceitos como vida eterna, novo céu e nova terra. Descobriremos como o plano divino culmina na restauração completa da criação e na comunhão eterna entre Deus e Seu povo.

A GERAÇÃO DO REINO DE DEUS

Examinaremos o conceito do Reino de Deus, sua origem e desenvolvimento ao longo da história bíblica. Veremos como Deus prepara seu reino desde a fundação do mundo, com o objetivo de unir todas as nações sob Seu domínio justo e amoroso.

Alcance global da salvação

Analisaremos passagens bíblicas relevantes, especialmente em Mateus e Isaías, para compreender como Deus pretende oferecer salvação a toda a humanidade. Exploraremos a visão de um reino que abrange todas as nações, culturas e povos.

Conclusão: nossa parte no plano divino

Concluiremos refletindo sobre nosso papel no plano eterno de Deus. Como participantes dessa grandiosa história, somos chamados a viver de acordo com o propósito divino, compartilhando a mensagem de salvação e contribuindo para a realização do Reino de Deus na Terra.

Uma viagem no mundo de Deus

Embarque em uma jornada espiritual por meio da narrativa bíblica, desde Gênesis até Apocalipse. Esta viagem nos levará a explorar a criação divina, o plano de salvação e o destino eterno da humanidade. Prepare-se para descobrir as maravilhas do mundo de Deus e seu papel nessa grandiosa história.

O convite divino

Somos convidados a uma jornada extraordinária pelo mundo do Eterno, o Criador de todas as coisas. Essa viagem não é apenas uma exploração do passado, mas uma oportunidade de compreender nossa própria existência e propósito. Como nos lembra Hebreus 11:3, *Pela fé, entendemos que os mundos, pela palavra de Deus, foram criados; de maneira que aquilo que se vê não foi feito do que é aparente.*

Essa jornada nos permitirá testemunhar a realização da vontade divina em três aspectos fundamentais: como Criador, como Salvador e, finalmente, como nosso destino eterno. Colossenses 1:15-16 nos recorda a magnitude desta criação: *O qual é imagem do Deus invisível, o primogênito de toda a criação; porque nele foram criadas todas as coisas que há nos céus e na terra, visíveis e invisíveis […].*

Antes do princípio

Nossa primeira parada nesta jornada nos leva a um momento antes da própria criação, um conceito quase incompreensível para nossas mentes finitas. Nesse "tempo" antes do tempo, apenas Deus existia em sua trindade: o Pai, o Filho e o Espírito Santo. Como nos diz o profeta Isaías em 57:15, *Porque assim diz o Alto e o Sublime, que habita na eternidade, e cujo nome é Santo: num alto e santo lugar habito.*

Nesse estado de eternidade, Deus existia em perfeita harmonia e amor. Embora seja difícil para nós imaginarmos um "antes" do início do universo, é crucial entender que Deus transcende o tempo e o espaço que Ele mesmo criou. Essa realidade nos ajuda a apreciar ainda mais a grandeza e o mistério do ato da criação que está prestes a se desenrolar.

1
O ATO DA CRIAÇÃO

Agora, testemunhamos o majestoso ato da criação. *No princípio, criou Deus os céus e a terra* (Gênesis 1:1). Este versículo marca o início do tempo e do espaço como os conhecemos. A terra, inicialmente, estava sem forma e vazia, coberta por trevas e um grande abismo. Mas o Espírito de Deus já se movia sobre as águas, preparando o cenário para a transformação que estava por vir.

Então, Deus pronuncia as primeiras palavras registradas na Bíblia: "*Haja luz*" (Gênesis 1:3). Este comando divino não apenas traz luz à existência, mas também estabelece um padrão para toda a criação que se seguirá. A palavra de Deus tem poder criativo, uma verdade que ressoa ao longo de toda a Escritura.

O PODER DA PALAVRA DIVINA

O poder criativo da palavra de Deus é um tema central nesta jornada. O verbo "haja" (em hebraico "yehi") carrega um significado profundo. Não é apenas uma palavra, mas uma manifestação do poder divino em ação. João 1:1-4 nos revela a natureza eterna dessa Palavra:

> *No princípio era o Verbo, e o Verbo estava com Deus, e o Verbo era Deus. Ele estava no princípio com Deus. Todas as coisas foram feitas por ele, e sem ele nada do que foi feito se fez. Nele estava a vida, e a vida era a luz dos homens.*

Esta Palavra, que fala sobre Cristo, não apenas cria, mas também sustenta toda a criação. Ela cria o firmamento, os luminares celestes e tudo o que existe. Cada "haja" pronunciado por Deus é uma demonstração do poder criativo de Cristo, o Verbo eterno.

A LUZ DIVINA

A luz criada no primeiro dia carrega um significado profundo que vai além do físico. Essa luz primordial representa a própria presença de Deus, Sua glória e verdade. João 1:4-5 nos diz: *Nele estava a vida, e a vida era a luz dos homens. E a luz resplandece nas trevas, e as trevas não a compreenderam.* Essa luz divina não apenas ilumina o mundo físico, mas também traz clareza espiritual e vida eterna.

Ao longo da Bíblia, a luz é frequentemente usada como metáfora para a verdade de Deus, Sua orientação e salvação. Jesus mesmo se declara como a *"luz do mundo"* (João 8:12), enfatizando Seu papel como a manifestação física da luz divina que estava presente desde o início da criação.

O propósito da criação

Cada elemento da criação de Deus tem um propósito divino. Como nos lembra o Salmo 148, toda a criação existe para adorar e glorificar seu Criador. Desde as estrelas mais distantes até a menor criatura na Terra, tudo foi feito para refletir a glória de Deus e cumprir Seu propósito eterno.

O ser humano, criado à imagem e semelhança de Deus, ocupa um lugar especial neste plano. Fomos criados não apenas para adorar, mas também para sermos mordomos da criação de Deus, cuidando e cultivando o mundo que Ele fez. Este chamado à mordomia nos conecta intimamente com toda a criação e nos lembra de nossa responsabilidade perante o Criador.

Nossa jornada continua

Enquanto concluímos a primeira etapa de nossa jornada pelo mundo de Deus, somos lembrados de que a história da criação é apenas o começo. Nossa viagem continuará por meio das páginas da Escritura, explorando o plano de redenção de Deus, Sua fidelidade ao longo da história humana e a promessa de um futuro glorioso em Sua presença eterna. Que esta jornada nos inspire a buscar uma compreensão mais profunda do nosso Criador, a maravilhar-nos com sua obra e a viver em harmonia com seu propósito para nossas vidas. Como nos lembra Romanos 11:36, *Porque dele, e por ele, e para ele são todas as coisas; glória, pois, a ele eternamente. Amém.*

O livro de Gênesis revela a majestosa obra da criação divina, detalhando como Deus formou os céus e a terra, separou a luz das trevas, criou a vida vegetal e animal e culminou com a criação do homem à Sua imagem e semelhança. Essa narrativa inspiradora nos convida a contemplar a sabedoria e o poder do Criador, bem como nosso lugar especial em Sua criação.

O início da criação: a terra sem forma e vazia

No princípio, Deus criou os céus e a terra (Gênesis 1:1). A terra era sem forma e vazia, com trevas sobre a face do abismo. O Espírito de Deus se movia sobre a face das águas, trazendo ordem ao caos primordial. Esse cenário inicial nos revela a intenção divina de transformar o vazio em plenitude, as trevas em luz.

O profeta Isaías nos lembra que Deus não criou a terra para ficar vazia, mas para ser habitada (Isaías 45:18). Isso nos mostra o propósito amoroso de Deus desde o início: criar um lar para Suas criaturas, especialmente para a humanidade.

Criação dos céus e da terra

Deus cria a matéria-prima do universo do nada — *ex nihilo*.

Terra sem forma e vazia

O estado inicial da terra, aguardando a intervenção divina.

Espírito de Deus se move

A presença divina começa a trazer ordem e propósito à criação

A criação da luz e a separação das trevas

Com autoridade divina, Deus ordena: *"Haja luz"* (Gênesis 1:3). Este comando poderoso traz à existência a luz primordial, separando-a das trevas. A luz, em hebraico "or" (אור), representa não apenas iluminação física, mas também clareza, verdade e vida.

Deus vê que a luz é boa e estabelece uma ordem cósmica, nomeando a luz como "dia" e as trevas como "noite". Essa separação fundamental estabelece o ritmo da criação e da vida, refletindo a sabedoria divina na estruturação do tempo e do espaço.

Comando divino

A palavra de Deus traz a luz à existência, demonstrando Seu poder criativo.

Separação e ordem

Deus estabelece uma distinção clara entre luz e trevas, criando ordem no cosmos.

Nomeação divina

Ao nomear o dia e a noite, Deus confere identidade e propósito às Suas criações.

A EXPANSÃO DOS CÉUS E A SEPARAÇÃO DAS ÁGUAS

No segundo dia da criação, Deus ordena: *"Haja uma expansão no meio das águas, e haja separação entre águas e águas"* (Gênesis 1:6). Essa expansão, chamada de "firmamento" ou "céus" (em hebraico, *"shamayim"*), cria uma estrutura cósmica que separa as águas superiores das inferiores.

Esse ato criativo demonstra o poder de Deus em organizar e estruturar o universo. A expansão dos céus não apenas cria espaço para a vida, mas também serve como um testemunho constante da glória de Deus, como nos lembra o Salmo 19:1: *Os céus declaram a glória de Deus e o firmamento anuncia a obra das suas mãos.*

ÁGUAS SUPERIORES

Representam as águas celestiais, possivelmente associadas às nuvens e à atmosfera superior.

EXPANSÃO (FIRMAMENTO)

O espaço criado por Deus, separando as águas e estabelecendo a estrutura do cosmos.

ÁGUAS INFERIORES

As águas terrestres, que mais tarde formarão os mares e os rios.

A SEPARAÇÃO DAS ÁGUAS E O SURGIMENTO DA TERRA SECA

No terceiro dia da criação, Deus comanda: *"Ajuntem-se as águas debaixo dos céus num lugar; e apareça a porção seca"* (Gênesis 1:9). Esse ato divino revela o poder de Deus em moldar a geografia do planeta, criando os continentes e os oceanos.

Deus nomeia a porção seca de "terra" (em hebraico, "eretz") e o ajuntamento das águas de "mares" (em hebraico, "yamim"). Essa nomeação não é apenas um ato de identificação, mas também de atribuição de propósito e função. A terra seca emerge não para permanecer estéril, mas para ser o palco da vida e da história humana.

O salmista nos lembra em Salmos 24:1-2 que *Do Senhor é a terra e a sua plenitude, o mundo e aqueles que nele habitam. Porque ele a fundou sobre os mares, e a firmou sobre os rios.* Essa afirmação reforça a soberania de Deus sobre toda a criação e a interconexão entre terra e água no plano divino.

A PERFEIÇÃO DA CRIAÇÃO DIVINA

Ao longo do relato da criação, Deus repetidamente declara que Sua obra é *"boa"* (em hebraico, "tov"). Essa afirmação divina não é apenas uma aprovação, mas uma declaração da perfeição e propósito intrínsecos de cada aspecto da criação. No sexto dia, após criar o homem, Deus vê tudo o que fez e declara que é *"muito bom"* (Gênesis 1:31).

Essa perfeição da criação reflete a sabedoria e o amor de Deus. Cada elemento do universo, desde as mais vastas galáxias até as partículas minúsculas, foi cuidadosamente planejado e executado com precisão divina. O Salmo 104:24 exclama: *Ó Senhor, quão variadas são as tuas obras! Todas as coisas fizeste com sabedoria; cheia está a terra das tuas riquezas.*

HARMONIA CÓSMICA

Cada elemento da criação funciona em perfeita harmonia com os demais, refletindo a ordem divina.

PROPÓSITO DIVINO

Cada aspecto da criação tem um papel específico no plano de Deus, contribuindo para a beleza e funcionalidade do todo.

REFLEXO DA GLÓRIA

A perfeição da criação serve como um testemunho constante da glória e do poder de Deus.

CONVITE À ADORAÇÃO

A beleza e complexidade da criação nos convidam a adorar e a louvar o Criador.

A CRIAÇÃO DOS SERES VIVOS

Nos dias quinto e sexto da criação, Deus povoa a terra com uma diversidade impressionante de seres vivos. As águas produzem peixes e criaturas marinhas, enquanto o céu se enche de aves. A terra se torna lar de animais de todos os tipos, desde o gado até os répteis.

Cada criatura é feita "segundo a sua espécie", demonstrando a diversidade planejada por Deus e a singularidade de cada forma de vida. Essa variedade não apenas reflete a criatividade divina, mas também estabelece um ecossistema complexo e interdependente, no qual cada ser tem seu papel e propósito.

A criação dos seres vivos prepara o cenário para a obra-prima de Deus: a humanidade. Cada criatura, em sua beleza e função únicas, serve como um testemunho da sabedoria e do poder do Criador, convidando-nos a maravilhar-nos com a riqueza da vida que nos rodeia.

A criação do homem à imagem e semelhança de Deus

O ápice da criação de Deus é a formação do ser humano, criado à imagem e semelhança divina (Gênesis 1:26-27). Este ato singular eleva a humanidade a uma posição única na criação, dotada de características que refletem aspectos da natureza divina.

Ser criado à imagem de Deus (em hebraico, "tselem") e conforme Sua semelhança (em hebraico, "demut") implica que os seres humanos possuem capacidades como racionalidade, criatividade, moralidade e a habilidade de se relacionar com Deus e uns com os outros. Também significa que somos chamados a representar Deus na terra, exercendo mordomia sobre a criação.

Criação especial

Deus forma o homem do pó da terra e sopra nele o fôlego de vida, criando um ser único.

Imago Dei

O ser humano é dotado de características que refletem a natureza divina, como intelecto, emoções e vontade.

Mordomia divina

A humanidade recebe a responsabilidade de cuidar e de administrar a criação de Deus.

Comunhão com Deus

Os seres humanos são criados com a capacidade de se relacionar pessoalmente com seu Criador.

Essa criação especial nos convida a uma profunda reflexão sobre nossa identidade, propósito e responsabilidade diante de Deus e de toda a criação. Somos chamados a viver de maneira que honre nossa posição como portadores da imagem divina, cultivando uma relação íntima com nosso Criador e cuidando com amor e sabedoria do mundo que Ele nos confiou.

2

A MAJESTOSA OBRA DA CRIAÇÃO

O livro de Gênesis nos apresenta a majestosa obra da criação divina, revelando como Deus, em Sua infinita sabedoria e poder, formou os céus e a terra. Essa narrativa inspiradora nos convida a contemplar a grandeza do Criador e nosso lugar especial em Sua criação, desde o vazio inicial até a formação do homem à imagem e semelhança de Deus.

O início da criação: do vazio à plenitude

No princípio, Deus criou os céus e a terra (Gênesis 1:1). Este ato grandioso marca o início de tudo, revelando o poder infinito de Deus em criar *ex nihilo* — do nada. A terra, inicialmente sem forma e vazia, com trevas sobre a face do abismo, aguardava a intervenção divina para se tornar um lar habitável.

O Espírito de Deus, movendo-se sobre a face das águas (Gênesis 1:2), simboliza a presença ativa e criativa de Deus, trazendo ordem ao caos primordial. Esse movimento divino é o prelúdio para a transformação que está por vir, onde o vazio dará lugar à plenitude, e as trevas à luz.

Criação ex nihilo; בָּרָא BÅRÅ

Deus cria a matéria-prima do universo do nada, demonstrando Seu poder ilimitado.

Terra sem forma e vazia; תֹהוּ וָבֹהוּ TOHU VÅVOHU

O estado inicial da terra, aguardando a intervenção divina para ganhar forma e propósito.

Espírito de Deus se move

A presença divina começa a trazer ordem e propósito à criação, preparando o cenário para os dias seguintes.

A LUZ DIVINA E A SEPARAÇÃO DAS ÁGUAS

:אוֹר - וַיְהִי אוֹר יְהִי אֱלֹהִים וַיֹּאמֶר

VAYOMER ELOHYM YËHY OR VAYËHY-OR

No primeiro dia da criação, Deus disse: "*Haja luz*", e houve luz (Gênesis 1:3). Esse ato não apenas iluminou a escuridão, mas também simboliza a revelação divina, trazendo clareza e entendimento ao mundo. Deus viu que a luz era boa e a separou das trevas, estabelecendo o ciclo fundamental de dia e noite.

No segundo dia, Deus criou o firmamento, separando as águas que estavam debaixo do firmamento das águas que estavam por cima (Gênesis 1:6-8). Essa separação estabeleceu a atmosfera e preparou o cenário para a vida que estava por vir. A palavra hebraica para firmamento, "raqiya", sugere algo sólido, como uma abóbada, ilustrando a percepção antiga do céu como uma estrutura protetora.

A FORMAÇÃO DA TERRA E A CRIAÇÃO DA VIDA VEGETAL

No terceiro dia, Deus reuniu as águas debaixo do céu em um só lugar, fazendo aparecer a porção seca (Gênesis 1:9-10). Esse ato divino criou os oceanos e continentes, preparando um hábitat para a vida terrestre. Em seguida, Deus ordenou que a terra produzisse vegetação: ervas que dão semente e árvores frutíferas (Gênesis 1:11-13).

A criação da vida vegetal marca o início da biodiversidade na Terra. Cada planta foi criada "segundo a sua espécie", destacando a diversidade planejada por Deus. O conceito de "espécies" prefigura a compreensão moderna da diversidade biológica, revelando a sabedoria divina em criar um ecossistema equilibrado e autossustentável.

SEPARAÇÃO DAS ÁGUAS

Deus reúne as águas, formando os mares e revelando a terra seca, preparando o palco para a vida terrestre.

SURGIMENTO DA VEGETAÇÃO

A terra produz plantas com sementes e árvores frutíferas, estabelecendo a base da cadeia alimentar.

DIVERSIDADE PLANEJADA

Cada planta é criada "segundo a sua espécie", demonstrando o planejamento divino na biodiversidade.

Os corpos celestes: sinais e tempos

No quarto dia, Deus criou os luzeiros no firmamento dos céus (Gênesis 1:14-19). O sol, a lua e as estrelas foram estabelecidos não apenas para iluminar a terra, mas também para servirem de sinais, para marcar estações, dias e anos. Essa ordenação cósmica revela a preocupação de Deus com o tempo e os ritmos da vida na Terra.

O sol e a lua, descritos como o "luzeiro maior" e o "luzeiro menor", demonstram a sabedoria divina em criar um sistema de iluminação e regulação temporal. As estrelas, mencionadas quase como um pensamento posterior, na verdade abrangem a vastidão do universo, mostrando a grandeza incompreensível da criação de Deus.

Sol

O "luzeiro maior" para governar o dia, fornecendo luz e calor essenciais para a vida.

Lua

O "luzeiro menor" para governar a noite, influenciando as marés e os ciclos naturais.

Estrelas

Incontáveis pontos de luz no céu, servindo como sinais e maravilhas da criação divina.

A criação da vida aquática e das aves

No quinto dia, Deus povoou as águas com seres vivos e criou as aves para voarem sobre a terra (Gênesis 1:20-23). Esse ato divino trouxe vida e movimento aos céus e aos mares, preenchendo-os com uma diversidade incrível de criaturas. A ordem de Deus para que essas criaturas "[...] *frutifiquem e se multipliquem*" (Gênesis 1:20-23) estabelece o princípio da reprodução e da continuidade da vida.

A criação dos *grandes animais marinhos* (Gênesis 1:20) (possivelmente se referindo a baleias ou outros grandes seres aquáticos) e de todas as criaturas que se movem nas águas destaca a vastidão e a diversidade da vida marinha. As aves, criadas para voar *"sobre a face do firmamento dos céus"* (Gênesis 1:22), simbolizam a liberdade e a beleza da criação divina, preenchendo o ar com cor e música.

OS ANIMAIS TERRESTRES E A CRIAÇÃO DO HOMEM

O sexto dia marca o ápice da criação divina. Primeiro, Deus criou os animais terrestres: gado, répteis e animais selvagens (Gênesis 1:24-25). Cada criatura foi feita *"segundo a sua espécie"* (Gênesis 1:24-25), reforçando a diversidade intencional na criação de Deus. Essa variedade de formas de vida demonstra a criatividade e o cuidado de Deus com toda a Sua criação.

Em seguida, em um ato supremo de criação, Deus fez o homem à Sua imagem e semelhança (Gênesis 1:26-27). Essa criação especial coloca a humanidade em uma posição única na ordem criada. O homem e a mulher foram abençoados e receberam o mandato de dominar sobre a criação, não como tiranos, mas como mordomos responsáveis, refletindo o caráter do Criador.

ANIMAIS TERRESTRES

Deus cria uma diversidade de criaturas para habitar a terra, cada uma segundo sua espécie, demonstrando Sua criatividade e cuidado.

HUMANIDADE

Criados à imagem e semelhança de Deus, homem e mulher recebem uma posição única na criação, com o mandato de domínio e mordomia.

BÊNÇÃO DIVINA

Deus abençoa Suas criaturas, especialmente a humanidade, estabelecendo um relacionamento especial e um propósito divino.

O DESCANSO DIVINO E A SANTIFICAÇÃO DO SÉTIMO DIA

Após completar toda a obra da criação, Deus descansou no sétimo dia (Gênesis 2:1-3). Esse descanso não implica fadiga divina, mas sim a conclusão e satisfação com a obra realizada. Ao abençoar e santificar o sétimo dia, Deus estabelece um padrão de trabalho e descanso, crucial para o bem-estar da criação.

A santificação do sábado não é apenas uma pausa no trabalho, mas um convite à contemplação e à celebração da obra divina. É um lembrete semanal da grandeza de Deus e de nossa dependência d'Ele. Esse dia santo nos chama a refletir sobre nossa própria criatividade e trabalho, alinhando-os com o propósito divino para nossas vidas e para toda a criação.

Conclusão da criação

Deus contempla toda a Sua obra e a declara muito boa, marcando a perfeição e a harmonia da criação original.

Descanso divino

O descanso de Deus no sétimo dia estabelece um padrão sagrado de trabalho e repouso para toda a criação.

Santificação do tempo

Ao abençoar e santificar o sétimo dia, Deus eleva o conceito de tempo a uma dimensão espiritual, convidando-nos à reflexão e à adoração.

3

UMA ANÁLISE TEOLÓGICA E LINGUÍSTICA

Iremos explorar a criação no livro de Gênesis, oferecendo uma análise profunda das Escrituras Hebraicas. Por meio de uma abordagem erudita e teológica, examinaremos os capítulos e versículos bíblicos, contextualizando-os linguística e teologicamente, sempre buscando o significado original no hebraico. Incluiremos também explicações rabínicas para enriquecer nossa compreensão desse texto fundamental.

O conceito de criação no hebraico: bará e asah

No texto hebraico de Gênesis, dois verbos principais são utilizados para descrever o ato criativo de Deus: *bará* (ברא) e *asah* (עשה). O verbo "bará" é exclusivamente usado em relação à atividade divina, indicando uma criação ex nihilo, ou seja, do nada. Esse verbo aparece logo no primeiro versículo de Gênesis: *Bereshit bará Elohim* (בְּרֵאשִׁית בָּרָא אֱלֹהִים) — *No princípio, Deus criou*.

Por outro lado, "asah" é frequentemente traduzido como "fazer" e implica em dar forma ou organizar algo a partir de matéria preexistente. Essa distinção é crucial para compreender a narrativa da criação, pois sugere que Deus não apenas criou do nada, mas também moldou e organizou a criação.

Bará (ברא)

Criação ex nihilo, exclusivamente divina.

Asah (עשה)

Organização e formação da matéria existente.

Interação

Combinação de criação e organização divina.

A TERRA INFORME E VAZIA: TOHU VA VOHU

O versículo 2 de Gênesis 1 descreve a terra como *sem forma e vazia* — em hebraico, "tohu va vohu" (תֹהוּ וָבֹהוּ). Essa expressão tem intrigado estudiosos e rabinos por séculos. O Rabi Rashi, um dos mais influentes comentaristas medievais, sugere que "tohu" se refere ao espanto e desolação que uma pessoa sentiria ao ver tal vazio, enquanto "vohu" indica o estado de vazio em si.

Linguisticamente, "tohu" (תֹהוּ) pode ser traduzido como "desolação" ou "confusão", enquanto "vohu" (בֹהוּ) sugere "vazio" ou "nulidade". Juntos, os termos criam uma imagem poderosa de um estado primordial caótico e informe, aguardando a intervenção divina para trazer ordem e propósito.

O ESPÍRITO DE DEUS: RUACH ELOHIM

A expressão *o espírito de Deus se movia sobre a face das águas* em Gênesis 1:2 utiliza o termo hebraico "Ruach Elohim" (רוּחַ אֱלֹהִים). "Ruach" pode significar "espírito", "vento" ou "respiração", enquanto "Elohim" é um dos nomes de Deus. O verbo hebraico "merachefet" (מְרַחֶפֶת), traduzido como "se movia", tem uma conotação de pairar ou vibrar.

O *Midrash Rabbah*, uma coleção de interpretações rabínicas, compara essa ação ao movimento de uma pomba pairando sobre seu ninho. Essa imagem sugere um Deus que não apenas cria, mas que nutre e protege sua criação desde o início. A presença do "Ruach Elohim" sobre as águas primordiais também é vista por muitos comentaristas como um prelúdio para a ordem que será estabelecida nos versículos seguintes.

VENTO

Força dinâmica e movimento.

RESPIRAÇÃO

Vida e animação divina.

ESPÍRITO

Presença e poder de Deus.

A SEPARAÇÃO DA LUZ E DAS TREVAS

Em Gênesis 1:3-5, Deus cria a luz e a separa das trevas. O texto hebraico usa o verbo "amar" (אמר) — *E disse Deus* — para introduzir cada ato criativo. Essa fórmula enfatiza o poder da palavra divina na criação. O rabino Nachmanides argumenta que essa luz primordial era de natureza espiritual, distinta da luz física dos corpos celestes criados no quarto dia.

A separação da luz e das trevas é descrita pelo verbo "Badal" (בדל), que implica uma distinção clara e uma divisão intencional. Essa ação divina estabelece um padrão de ordem e diferenciação que será repetido ao longo da narrativa da criação. O ato de nomear — *E Deus chamou à luz Dia e às trevas chamou Noite* — demonstra o domínio divino sobre a criação e estabelece a estrutura fundamental do tempo.

Luz (Or, אור)

Criada no primeiro dia, simboliza o início da ordem cósmica e a presença divina.

Trevas (Choshek, חשך)

Existente antes da criação da luz, representa o estado primordial do universo.

Separação (Badal, בדל)

Ato divino de distinção e organização, estabelecendo a dualidade fundamental na criação.

A criação da vida vegetal

A narrativa da criação da vida vegetal em Gênesis 1:11-13 utiliza terminologia específica em hebraico. O texto menciona "deshe" (דֶּשֶׁא), que se refere a ervas tenras ou brotos, "esev" (עֵשֶׂב), indicando plantas herbáceas, e "etz pri" (עֵץ פְּרִי), árvores frutíferas. Essa classificação tripartite demonstra uma compreensão sofisticada da diversidade botânica.

O rabino Samson Raphael Hirsch, comentarista do século XIX, observa que a ordem da criação vegetal — das plantas mais simples às mais complexas — reflete um princípio de desenvolvimento progressivo na natureza. Além disso, a frase "segundo a sua espécie" (לְמִינוֹ, "lemino") é repetida, enfatizando a diversidade e a estabilidade das espécies criadas por Deus.

A criação dos animais

A criação dos animais, descrita em Gênesis 1:20-25, apresenta uma classificação detalhada no texto hebraico. O termo "nefesh chayah" (נֶפֶשׁ חַיָּה) é usado para descrever "seres viventes", abrangendo desde criaturas aquáticas até terrestres. Essa expressão é significativa, pois "nefesh" não apenas significa "ser vivo", mas também pode ser traduzido como "alma" ou "essência vital".

Os animais são divididos em categorias: "sheretz" (שֶׁרֶץ) para criaturas que se movem em grande número, "of" (עוֹף) para aves, "behemah" (בְּהֵמָה) para gado ou animais domésticos, "chayat ha'aretz" (חַיַּת הָאָרֶץ) para animais selvagens, e "remes" (רֶמֶשׂ) para répteis ou criaturas rastejantes. Essa categorização demonstra uma compreensão avançada da diversidade animal na antiguidade.

Sheretz (שֶׁרֶץ)

Criaturas aquáticas e pequenos animais terrestres que se movem em abundância.

Of (עוֹף)

Aves e criaturas voadoras, simbolizando liberdade e conexão entre céu e terra.

Behemah (בְּהֵמָה)

Animais domésticos, representando a relação entre humanos e natureza.

Chayat ha'aretz (חַיַּת הָאָרֶץ)

Animais selvagens, demonstrando a diversidade e a autonomia da criação.

A criação do homem: imagem e semelhança de Deus

A criação do ser humano em Gênesis 1:26-27 é marcada pela frase *façamos o homem à nossa imagem, conforme a nossa semelhança* (נַעֲשֶׂה אָדָם בְּצַלְמֵנוּ כִּדְמוּתֵנוּ - "na'aseh adam betzalmeinu kidmuteinu"). O uso do plural "façamos" tem sido objeto de muita discussão rabínica. Alguns, como Rashi, sugerem que Deus estava se dirigindo à corte celestial, enquanto outros veem isso como um plural majestático.

Os termos "imagem" (צֶלֶם - "tzelem") e "semelhança" (דְּמוּת - "demut") são cruciais. Muitos comentaristas, incluindo Maimônides, interpretam "tzelem" como referindo-se às capacidades intelectuais e morais humanas, enquanto "demut" é visto como uma semelhança mais geral ou potencial. Essa interpretação enfatiza a responsabilidade humana de emular as qualidades divinas de justiça, misericórdia e sabedoria.

CRIAÇÃO FÍSICA
Formação do corpo humano a partir do pó da terra.

INFUSÃO DA ALMA
Deus sopra o fôlego de vida, concedendo a *"neshama"* (alma divina).

IMAGEM E SEMELHANÇA
Dotação de atributos divinos: intelecto, moral e livre-arbítrio.

MANDATO DIVINO
Incumbência de dominar e cuidar da criação como representantes de Deus.

4

LUZ, TREVAS E A EXPANSÃO DOS CÉUS

A profunda narrativa da criação divina é focada na formação da luz, na separação das trevas e na expansão dos céus. Baseado nos textos bíblicos de Gênesis e nas reflexões proféticas de Isaías, examinaremos o processo pelo qual Deus moldou o universo, nomeou seus elementos fundamentais e estabeleceu a ordem cósmica. Essa jornada nos levará a uma compreensão mais profunda do plano divino para a habitação da Terra e a harmonia do cosmos.

O princípio da criação: a palavra divina

No princípio, quando as trevas cobriam o abismo e o Espírito de Deus pairava sobre as águas, o Criador pronunciou as palavras que dariam início à formação do universo: "*Haja luz*". Este ato divino não foi apenas uma demonstração de poder, mas uma expressão do amor de Deus pela criação que estava por vir.

A palavra hebraica usada para "luz" é "or" (אור), que não se refere apenas à luz física, mas também simboliza a verdade, a sabedoria e a presença divina. Ao criar a luz, Deus estava estabelecendo os fundamentos para toda a vida e ordem que se seguiriam.

A palavra criadora

Deus proclama "*Haja luz*", demonstrando o poder criativo da Sua palavra.

Manifestação da luz

A luz surge, dissipando as trevas e marcando o início da ordem cósmica.

Avaliação divina

Deus vê que a luz é boa, afirmando a perfeição de Sua criação.

A Separação entre luz e trevas

Após criar a luz, Deus realizou um ato fundamental de ordenação: a separação entre a luz e as trevas. Essa divisão não foi apenas física, mas também simbólica, representando a distinção entre o bem e o mal, o conhecimento e a ignorância.

O termo hebraico para "trevas", "choshekh" (חֹשֶׁךְ), carrega consigo a conotação de ausência, não apenas de luz, mas também de ordem e propósito divino. Ao separar a luz das trevas, Deus estava estabelecendo um padrão de discernimento e equilíbrio que permearia toda a criação.

E viu Deus que era boa a luz; e fez Deus separação entre a luz e as trevas (Gênesis 1:4).

A nomeação do dia e da noite

O ato de nomear, na criação divina, é profundamente significativo. Ao chamar a luz de "dia" (יום, "yom" em hebraico) e as trevas de "noite" (לילה, "laila"), Deus não estava simplesmente rotulando períodos de tempo, mas estava conferindo identidade e propósito a cada elemento da criação.

Essa nomeação estabeleceu o ritmo fundamental da vida na Terra, o ciclo do dia e da noite que regeria os padrões de trabalho, descanso e adoração da humanidade. O Salmo 19:2 reflete sobre este ciclo divino: *Um dia faz declaração a outro dia, e uma noite mostra sabedoria a outra noite.*

Dia (Yom)

Representa a luz, a atividade e a revelação divina.

Noite (Laila)

Simboliza o descanso, a reflexão e os mistérios divinos.

Ciclo divino

Estabelece o ritmo da criação e da vida humana.

A expansão dos céus

No segundo dia da criação, Deus ordena: *"Haja uma expansão no meio das águas, e haja separação entre águas e águas"*. Essa expansão, chamada em hebraico de "raqiya" (רָקִיעַ), é frequentemente traduzida como "firmamento" ou "céu".

A palavra "raqiya" carrega a ideia de algo esticado ou expandido, como um dossel. Essa expansão não apenas separou as águas, mas também criou um espaço para a vida florescer. É um testemunho da sabedoria e do planejamento divino, preparando um ambiente habitável para as criaturas que viriam a seguir.

E chamou Deus à expansão Céus. E foi a tarde e a manhã, o dia segundo (Gênesis 1:8).

As águas superiores e inferiores

A separação das águas em superiores e inferiores é um conceito profundo na cosmologia bíblica. As águas superiores, acima do firmamento, são frequentemente associadas ao reino celestial, enquanto as águas inferiores representam os oceanos e os rios terrestres.

Essa divisão não é apenas física, mas também espiritual. As águas superiores podem simbolizar as bênçãos divinas e a sabedoria celestial, enquanto as águas inferiores representam o mundo material e as necessidades terrenas. A expansão entre elas serve como um lembrete constante da conexão entre o céu e a terra, o divino e o humano.

Águas superiores

Simbolizam o reino celestial, as bênçãos divinas e a sabedoria eterna. Representam a fonte inesgotável da graça de Deus.

Expansão (Raqiya)

O firmamento que separa e conecta. Um testemunho da ordem divina e do equilíbrio cósmico.

Águas inferiores

Representam o mundo material, as necessidades terrenas e o potencial para a vida física florescer.

A Terra preparada para habitação

O profeta Isaías nos lembra que Deus não criou a terra para ser vazia, mas para ser habitada (Isaías 45:18). Esse propósito divino é evidente desde os primeiros momentos da criação. Cada ato — a criação da luz, a separação das águas, a formação do firmamento — foi um passo na preparação de um lar para a humanidade e todas as criaturas vivas.

A palavra hebraica para "habitada", "לשבת" (lashevet), vem da raiz que significa "sentar" ou "habitar". Isso sugere não apenas ocupação, mas estabelecimento e pertencimento. Deus estava preparando não apenas um planeta, mas um lar, um lugar onde Sua criação pudesse florescer e onde Ele pudesse caminhar em comunhão com a humanidade.

Propósito divino

A terra foi criada com o propósito específico de ser habitada, refletindo o amor e o cuidado de Deus por Sua criação.

Preparação meticulosa

Cada aspecto da criação foi cuidadosamente planejado para sustentar a vida e proporcionar um ambiente propício ao florescimento das criaturas.

Comunhão divina

A terra habitável serve como um palco para a interação entre Deus e Sua criação, especialmente a humanidade, criada à Sua imagem.

Reflexões sobre a grandeza da criação

Ao contemplarmos a narrativa da criação, somos convidados a refletir sobre a grandeza e a sabedoria de Deus. O Salmo 19:1 declara: *Os céus proclamam a glória de Deus e o firmamento anuncia a obra das suas mãos.* Cada aspecto da criação, desde a luz primordial até a expansão dos céus, é um testemunho da majestade divina.

A ordem e a beleza observadas na criação não são meros acidentes, mas reflexos da natureza do Criador. A separação da luz e das trevas, do dia e da noite, das águas superiores e inferiores, tudo aponta para um Deus de ordem, propósito e harmonia. Como crentes, somos chamados a não apenas maravilhar-nos com a criação, mas a sermos mordomos fiéis dela, refletindo em nossas vidas a ordem e o propósito divinos.

Quando vejo os teus céus, obra dos teus dedos, a lua e as estrelas que preparaste; Que é o homem mortal para que te lembres dele? E o filho do homem, para que o visites? (Salmo 8:3-4).

5

A LUZ PRIMORDIAL E A ORDEM CÓSMICA NA CRIAÇÃO

A profundidade teológica e linguística da criação da luz e da separação entre luz e trevas, conforme narrado no livro de Gênesis. Analisaremos o significado do comando divino *"Haja luz"*, a importância da nomenclatura dada por Deus ao dia e à noite e as implicações cosmológicas e espirituais desses atos criativos. Por meio de uma análise minuciosa do texto hebraico original, buscaremos compreender a grandeza e a sabedoria divina manifestas nesses primeiros momentos da criação.

O PODER CRIATIVO DA PALAVRA DIVINA

O ato criativo de Deus, expresso nas palavras "וַיֹּאמֶר אֱלֹהִים יְהִי אוֹר וַיְהִי־אוֹר" (Vayomer Elohim yehi or vayehi or), demonstra o poder incomparável da palavra divina. Esse comando, *"Haja luz"*, não é uma mera declaração, mas um ato de criação *ex nihilo* — do nada. A luz (אור - or) que surge não é apenas física, mas representa também a manifestação primordial da presença e da glória de Deus.

A imediatez da resposta à ordem divina — *E houve luz* — ressalta a autoridade absoluta de Deus sobre toda a criação. Esse ato estabelece um padrão para toda a narrativa da criação, na qual a palavra de Deus é seguida pela manifestação instantânea de Sua vontade, ilustrando a perfeita harmonia entre o decreto divino e sua realização.

DECRETO DIVINO

Deus pronuncia *"Haja luz"*, iniciando o processo criativo.

MANIFESTAÇÃO IMEDIATA

A luz surge instantaneamente em resposta ao comando divino.

Avaliação divina

Deus vê que a luz é boa, afirmando a perfeição de Sua criação.

A separação entre luz e trevas

A separação entre luz (אור - or) e trevas (חשך - choshekh) é um ato fundamental na ordenação do cosmos. Essa divisão não é meramente física, mas carrega profundas implicações teológicas e espirituais. Ao separar a luz das trevas, Deus estabelece uma dualidade cósmica que permeia toda a criação e a experiência humana.

O texto hebraico utiliza o verbo "בדל" (badal) para descrever essa separação, um termo que implica uma distinção clara e intencional. Essa ação divina não apenas cria uma ordem física no universo, mas também estabelece um paradigma moral e espiritual, no qual a luz frequentemente simboliza a bondade, a verdade e a presença divina, enquanto as trevas podem representar o caos, a ignorância ou a ausência de Deus.

A nomeação do dia e da noite

O ato de Deus nomear a luz como "dia" (יום, yom) e as trevas como "noite" (לילה, laylah) é profundamente significativo. Na cosmovisão hebraica, o ato de nomear não é meramente atribuir um rótulo, mas conferir essência e propósito. Ao nomear o dia e a noite, Deus não apenas os identifica, mas estabelece suas funções e características fundamentais no ciclo da criação.

Essa nomeação também inicia o conceito de tempo na narrativa bíblica. O ciclo de dia e noite torna-se a base para a medição do tempo e para o ritmo da vida criada. Isso se reflete na frase repetida *E foi a tarde e a manhã* (Gênesis 1:5; 1:8; 1:13; 1:19; 1:23; 1:31), estabelecendo um padrão que estrutura não apenas a narrativa da criação, mas também a futura observância do Shabat e o calendário litúrgico de Israel.

Yom (יום) — Dia
Representa o período de luz, atividade e manifestação da glória de Deus.
Laylah (לילה) — Noite
Simboliza o tempo de descanso, reflexão e mistério divino.g
Erev (ערב) — Tarde
Marca a transição do dia para a noite, início do ciclo diário hebraico.
Boker (בקר) — Manhã

Sinaliza o recomeço, a renovação e a esperança na criação divina.

A LUZ COMO SÍMBOLO TEOLÓGICO

A criação da luz transcende seu aspecto físico, tornando-se um poderoso símbolo teológico ao longo das Escrituras. Em hebraico, a palavra "or" (אוֹר) é frequentemente associada à presença divina, à sabedoria e à revelação. Essa conexão é evidente em passagens como Salmo 27:1, em que o salmista declara: *O Senhor é minha luz e minha salvação.*

A luz primordial criada no primeiro dia é distinta das fontes de luz celestiais (sol, lua e estrelas) criadas no quarto dia. Isso sugere uma natureza mais fundamental e espiritual dessa luz inicial, possivelmente representando a própria glória de Deus. Essa interpretação encontra eco em textos como 1 João 1:5, que afirma: *Deus é luz, e nele não há treva alguma,* estabelecendo uma continuidade teológica entre o Antigo e o Novo Testamento.

REVELAÇÃO

A luz como símbolo da revelação divina e iluminação espiritual.

PROTEÇÃO

A luz divina como fonte de segurança e salvação para os fiéis.

SABEDORIA

A luz associada ao conhecimento divino e à compreensão espiritual.

PUREZA

A luz como representação da santidade e pureza divina.

A EXPANSÃO DOS CÉUS E A SEPARAÇÃO DAS ÁGUAS

O versículo 6 de Gênesis 1 introduz o conceito de "expansão" (רָקִיעַ, raqiya), tradicionalmente traduzido como "firmamento". Esse termo hebraico sugere algo esticado ou expandido, como um dossel sobre a Terra. A ordem divina para que haja uma separação entre as águas acima e abaixo dessa expansão revela uma cosmologia complexa e rica em simbolismo.

A palavra "shamayim" (שָׁמַיִם), traduzida como "céus", é um termo dual em hebraico, possivelmente indicando uma distinção entre o céu atmosférico e o reino celestial. Essa separação das águas não apenas estrutura o cosmos físico, mas também estabelece uma fronteira entre o mundo material e o espiritual, refletindo a ordem e a hierarquia na criação divina.

O significado do primeiro dia da criação

O primeiro dia da criação, marcado pela formação da luz e sua separação das trevas, estabelece um padrão fundamental para toda a narrativa da criação. A frase *E foi a tarde e a manhã, o dia primeiro* (Gênesis 1:5) (וַיְהִי־עֶרֶב וַיְהִי־בֹקֶר יוֹם אֶחָד) não apenas demarca o tempo, mas também revela uma profunda verdade teológica sobre a natureza cíclica da criação e a soberania de Deus sobre o tempo.

O uso do termo "יוֹם אֶחָד" (yom echad), literalmente "dia um" em vez de "primeiro dia", pode indicar a singularidade e completude desse dia inicial. Alguns estudiosos interpretam isso como uma referência à unidade e à perfeição da criação divina, estabelecendo um modelo para os dias subsequentes e para toda a ordem criada.

Decreto divino

Deus ordena a existência da luz.

Manifestação

A luz surge em obediência ao comando.

Separação

Deus separa a luz das trevas.

Nomeação

Atribuição de nomes ao dia e à noite.

Conclusão

Encerramento do primeiro ciclo criativo.

Reflexões teológicas e conclusão

A narrativa da criação da luz e da separação entre luz e trevas é rica em significado teológico e filosófico. A narrativa da luz estabelece Deus como o autor supremo da ordem cósmica, capaz de trazer forma e estrutura ao caos primordial. A luz, como primeira criação, simboliza o início da revelação divina e o começo do plano redentor de Deus para a humanidade.

Essa passagem também ressalta a soberania divina sobre todas as forças naturais e espirituais. Ao criar e nomear o dia e a noite, Deus demonstra seu domínio sobre o tempo e os ciclos da natureza. A separação entre luz e trevas pode ser vista como um arquétipo para todas as distinções morais e espirituais subsequentes nas Escrituras.

Concluindo, a criação da luz no primeiro dia não é apenas um evento cosmológico, mas um ato fundacional que estabelece os temas centrais da teologia bíblica: a onipotência de Deus, a bondade da criação e o propósito divino para o universo e a humanidade. Esse ato criativo inicial continua a ressoar por meio das Escrituras, inspirando reflexão e adoração entre os fiéis ao longo dos séculos.

A SEPARAÇÃO DAS ÁGUAS E O SURGIMENTO DA TERRA SECA

Estudaremos a narrativa bíblica da separação das águas e o surgimento da terra seca, conforme descrito no livro de Gênesis. Analisaremos os aspectos teológicos, linguísticos e rabínicos desse evento crucial na criação do mundo, focando na interpretação do texto hebraico original e sua significância para os estudos bíblicos.

O SEGUNDO DIA DA CRIAÇÃO: A EXPANSÃO DOS CÉUS

No segundo dia da criação, Deus ordena a formação de uma expansão entre as águas. Em Gênesis 1:6, lemos: *Disse Deus: "haja uma expansão no meio das águas, e haja separação entre águas e águas"*. O termo hebraico utilizado aqui é "רָקִיעַ" (raqia), que é frequentemente traduzido como "firmamento" ou "expansão".

Essa expansão, que Deus nomeia como "céus" (שָׁמַיִם, shamayim), serve para separar as águas superiores das inferiores. Este ato divino estabelece a estrutura fundamental do cosmos, criando um espaço ordenado a partir do caos primordial das águas.

ORDENAÇÃO DIVINA

Deus comanda a criação de uma expansão entre as águas.

SEPARAÇÃO DAS ÁGUAS

A expansão divide as águas superiores das inferiores.

NOMEAÇÃO DOS CÉUS

Deus chama a expansão de "shamayim" (céus).

O terceiro dia: a separação das águas terrestres

No terceiro dia da criação, Deus continua seu trabalho de ordenação, focando agora nas águas terrestres. Gênesis 1:9 relata: *E disse Deus: "ajuntem-se as águas debaixo dos céus num lugar; e apareça a porção seca. E assim foi"*. Este comando divino resulta na formação dos mares e da terra seca.

O termo hebraico para "porção seca" é "יַבָּשָׁה" (yabbashah), que enfatiza a natureza árida e sólida da terra em contraste com as águas fluidas. Essa separação cria os fundamentos para a vida terrestre e demonstra o poder de Deus sobre os elementos naturais.

A nomeação da terra e dos mares

Após a separação das águas e o surgimento da terra seca, Deus nomeia essas novas criações. Gênesis 1:10 declara: *E chamou Deus à porção seca Terra; e ao ajuntamento das águas chamou Mares. E viu Deus que era bom.*

No texto hebraico, "Terra" é "אֶרֶץ" (erets), um termo que pode se referir tanto à terra seca quanto ao planeta inteiro. "Mares" é traduzido de "יַמִּים" (yammim), plural de "יָם" (yam), que denota grandes corpos de água. Essa nomeação divina não apenas identifica as partes da criação, mas também estabelece a autoridade de Deus sobre elas.

Terra (אֶרֶץ - Erets)

Refere-se à porção seca habitável do planeta. Simboliza estabilidade e fundamento para a vida.

Mares (יַמִּים - Yammim)

Representa os grandes corpos de água. Na cosmologia antiga, muitas vezes associados ao caos primordial.

Significado teológico

A nomeação demonstra o domínio de Deus sobre a criação e Sua capacidade de trazer ordem do caos.

Interpretações rabínicas da separação das águas

As interpretações rabínicas oferecem *insights* profundos sobre a separação das águas. Muitos comentaristas veem esse ato como uma metáfora para a criação de limites e de ordem no universo. O *Midrash Rabbah* sugere que as águas inicialmente resistiram à ordem de Deus, mas foram persuadidas a se submeter à Sua vontade.

Rashi, o famoso comentarista medieval, propõe que a palavra "יִקָּווּ" (yiq-qavu, "que se ajuntem") em Gênesis 1:9 implica que as águas foram reunidas em um receptáculo específico, o oceano. Essa interpretação enfatiza a ideia de que Deus não apenas separa, mas também contém e direciona as forças da natureza.

Metáfora de ordem cósmica

A separação das águas representa a imposição de ordem no caos primordial.

Submissão da natureza

As águas, inicialmente resistentes, submetem-se à vontade divina, ilustrando o poder supremo de Deus.

Contenção divina

Deus não apenas separa, mas também contém as águas, demonstrando Seu controle sobre as forças naturais.

Significado teológico da terra habitável

A criação da terra seca tem um profundo significado teológico, destacado em várias passagens bíblicas. Isaías 45:18 afirma: *Porque assim diz o Senhor, que criou os céus, o Deus que formou a terra, que a fez e a estabeleceu; não a criou para ser um caos, mas para ser habitada: Eu sou o Senhor, e não há outro.*

Essa passagem enfatiza que a formação da terra seca não foi um ato aleatório, mas um passo deliberado no plano divino para criar um lar para a humanidade. A terra habitável se torna, assim, um testemunho da providência e do cuidado de Deus com Sua criação.

A terra fundada sobre as águas

O Salmo 24:1-2 oferece uma perspectiva poética sobre a criação da terra: *Do Senhor é a terra e a sua plenitude, o mundo e aqueles que nele habitam. Porque ele a fundou sobre os mares, e a firmou sobre os rios.* Essa imagem da terra fundada sobre as águas reflete a cosmologia antiga hebraica.

Na visão de mundo bíblica, a terra é frequentemente retratada como estando estabelecida sobre pilares que se estendem até as profundezas das águas. Essa concepção não deve ser entendida literalmente, mas como uma expressão poética da soberania de Deus sobre toda a criação, incluindo as forças caóticas representadas pelas águas.

Criação das águas

Deus cria as águas primordiais.

Separação das águas

Deus divide as águas, criando espaço para a terra.

Fundação da terra

A terra é estabelecida sobre as águas inferiores.

Habitação humana

A terra se torna um lar para a humanidade.

Reflexões finais sobre a criação da terra seca

A narrativa da criação da terra seca em Gênesis serve como um testemunho poderoso do poder criativo e ordenador de Deus. Ao separar as águas e fazer surgir a terra seca, Deus não apenas molda o ambiente físico, mas também estabelece as condições necessárias para a vida e a habitação humana.

Essa história continua a inspirar reflexões teológicas sobre a natureza de Deus, Seu relacionamento com a criação e o lugar da humanidade no cosmos. Para os estudiosos da Bíblia e os teólogos, a riqueza linguística e simbólica do texto hebraico oferece um terreno fértil para exploração contínua, convidando-nos a contemplar as profundezas da sabedoria e do poder divinos manifestos no ato da criação.

6

A CRIAÇÃO DIVINA: UMA ANÁLISE TEOLÓGICA E LINGUÍSTICA

A narrativa da criação nas Escrituras Hebraicas, oferecendo uma análise teológica e linguística aprofundada. Examinaremos o propósito da criação, a teoria do hiato e a perfeição do plano divino, contextualizando com capítulos e versículos bíblicos. Nossa abordagem se baseia no texto original hebraico e incorpora explicações rabínicas, proporcionando uma visão erudita e acadêmica para estudantes de teologia e estudiosos da Bíblia.

O propósito da criação na perspectiva bíblica

As Escrituras Hebraicas afirmam categoricamente que a terra foi criada com um propósito específico: ser habitada. Esse conceito é fundamental para compreender a narrativa da criação e o plano divino para a humanidade. O profeta Isaías, em 45:18, declara: *Porque assim diz o Senhor que tem criado os céus, o Deus que formou a terra, e a fez; ele a estabeleceu, não a criou vazia, mas a formou para que fosse habitada: eu sou o Senhor e não há outro.*

Essa declaração profética não apenas reafirma o propósito da criação, mas também fornece uma base teológica para refutar interpretações que sugerem um estado inicial caótico ou vazio. A intenção divina, desde o princípio, era criar um mundo habitável e frutífero, refletindo a bondade e a sabedoria do Criador.

A teoria do hiato: uma análise crítica

Origem da teoria

A teoria do hiato, também conhecida como teoria da restituição ou do intervalo, surgiu no final do século XVIII e ganhou popularidade no século XIX. Foi proposta inicialmente por Thomas Chalmers, um professor da Universidade de Edimburgo, como uma tentativa de reconciliar as descobertas geológicas com a narrativa bíblica da criação.

Premissas principais

Essa teoria propõe que entre Gênesis 1:1 e 1:2 houve um intervalo de tempo indeterminado, durante o qual a terra, inicialmente perfeita, teria sido habitada por seres angelicais liderados por Lúcifer. Após uma rebelião, a terra teria sido julgada e destruída, chegando ao estado *sem forma e vazia* descrito em Gênesis 1:2.

Críticas e inconsistências

Apesar de sua popularidade inicial, a teoria do hiato enfrenta críticas significativas. Linguisticamente, a interpretação do verbo hebraico "hayetah" em Gênesis 1:2 como "tornou-se" em vez de "era" é questionável. Teologicamente, a teoria introduz conceitos não explicitamente mencionados nas Escrituras, como uma criação pré-adâmica e uma destruição global anterior ao dilúvio.

Análise linguística de Gênesis 1:2

A interpretação correta de Gênesis 1:2 é crucial para compreender a narrativa da criação. O texto hebraico diz: "וְהָאָרֶץ הָיְתָה תֹהוּ וָבֹהוּ" (veha'aretz hayetah tohu vavohu). A palavra-chave aqui é "הָיְתָה" (hayetah), frequentemente traduzida como "era". Alguns proponentes da teoria do hiato argumentam que deveria ser traduzida como "tornou-se", implicando uma mudança de estado.

Contudo, uma análise linguística mais aprofundada revela que o uso de "hayetah" nesse contexto é consistente com uma descrição do estado inicial da terra, não uma transformação. O conceito de "tohu vavohu" (sem forma e vazia) não implica necessariamente caos ou destruição, mas sim um estado não finalizado, pronto para ser moldado pela ação criativa divina.

A perfeição do plano divino na criação

Criação *ex nihilo*

O verbo hebraico "בָּרָא" (bara), usado em Gênesis 1:1, denota uma criação do nada, um ato exclusivamente divino. Esse conceito é fundamental para entender a soberania e o poder criativo de Deus.

Formação e organização

Os verbos "יָצַר" (yatzar) e "עָשָׂה" (asah), frequentemente usados na narrativa da criação, indicam o processo de dar forma e organizar. Esses termos refletem o cuidado e a intenção divina em cada aspecto da criação.

Estabelecimento e harmonia

O verbo "כּוֹנֵן" (konen), usado em Isaías 45:18, sugere o estabelecimento e a harmonização da criação. Isso ressalta a ideia de um universo criado com propósito e ordem.

Avaliação divina

A frase repetida "וַיַּרְא אֱלֹהִים כִּי־טוֹב" (vayar Elohim ki-tov) — *E Deus viu que era bom* — enfatiza a perfeição e a satisfação divina com cada aspecto da criação.

O processo criativo em seis dias

A narrativa da criação em Gênesis descreve um processo ordenado e progressivo, distribuído ao longo de seis dias. Esse padrão não apenas revela a metodologia divina, mas também estabelece um modelo para o trabalho e o descanso humanos. Cada dia da criação é marcado pela frase "וַיְהִי־עֶרֶב וַיְהִי־בֹקֶר" (vayehi-erev vayehi-voker) — *E foi a tarde e a manhã*, indicando ciclos completos de criação.

A progressão da criação demonstra uma lógica intrínseca: primeiro a luz, depois a separação das águas, a formação da terra seca, a criação da vegetação, dos corpos celestes, dos animais aquáticos e terrestres e, finalmente, a criação da humanidade. Essa sequência reflete não apenas um plano cuidadosamente elaborado, mas também uma preparação gradual do ambiente para sustentar formas de vida cada vez mais complexas.

A singularidade da criação humana

O ápice da narrativa da criação é a formação do ser humano, descrita em Gênesis 1:26-27. O texto hebraico usa uma linguagem única para esse ato: "וַיֹּאמֶר אֱלֹהִים נַעֲשֶׂה אָדָם בְּצַלְמֵנוּ כִּדְמוּתֵנוּ" (vayomer Elohim na'aseh adam betzalmenu kidmutenu) — *E disse Deus: Façamos o homem à nossa imagem, conforme a nossa semelhança*. O uso do plural "façamos" tem sido objeto de intenso debate teológico, sendo interpretado por alguns como uma referência à Trindade, e por outros como um plural majestático.

A criação humana é única não apenas em sua descrição, mas também em seu propósito. O ser humano é designado como guardião e administrador da criação, refletindo de maneira única a imagem e semelhança divina. Essa responsabilidade implica não apenas domínio, mas também cuidado e mordomia sobre a criação.

Conclusão: a harmonia da criação divina

A análise detalhada da narrativa da criação nas Escrituras Hebraicas revela um plano divino meticuloso e harmônico. Desde o início, cada elemento da criação foi cuidadosamente planejado e executado, culminando na declaração divina em Gênesis 1:31: "וַיַּרְא אֱלֹהִים אֶת־כָּל־אֲשֶׁר עָשָׂה וְהִנֵּה־טוֹב מְאֹד" (vayar Elohim et-kol-asher asah vehineh-tov meod) — *E viu Deus tudo quanto tinha feito, e eis que era muito bom.*

Essa afirmação final não apenas valida a perfeição da criação, mas também descarta a necessidade de teorias como a do hiato. A criação, em sua totalidade, reflete a sabedoria, o poder e a bondade do Criador, estabelecendo um fundamento teológico sólido para a compreensão do relacionamento entre Deus, a humanidade e o mundo natural.

Sabedoria divina

Refletida na ordem e no propósito da criação.

Poder criativo

Manifesto na diversidade e complexidade da criação.

Harmonia cósmica

Evidenciada na interconexão de todos os elementos criados.

7

O ETERNO E A SUA OBRA MAGISTRAL

Embarcaremos em uma jornada fascinante por meio da narrativa bíblica da criação, explorando o plano eterno de Deus e Sua obra magistral. Essa reflexão nos levará desde os primeiros momentos da existência até a culminação do propósito divino, revelando a sabedoria, o poder e o amor incomparáveis do Criador.

O INÍCIO DE TODAS AS COISAS

No princípio, quando tudo era vazio e sem forma, Deus, em Sua infinita sabedoria e poder, deu início à criação. O livro de Gênesis nos apresenta um relato poético e profundo desse momento extraordinário: *No princípio, criou Deus os céus e a terra* (Gênesis 1:1), com essas palavras, somos introduzidos ao ato criativo mais grandioso de todos os tempos.

A escuridão cobria o abismo, e o Espírito de Deus pairava sobre as águas, preparando o cenário para a manifestação da Sua vontade. Com Sua palavra poderosa, Deus trouxe ordem ao caos e luz à escuridão, estabelecendo os fundamentos do universo que conhecemos hoje.

OS SEIS DIAS DA CRIAÇÃO

DIAS 1-2: FUNDAMENTOS CÓSMICOS

Nos primeiros dois dias, Deus estabeleceu os alicerces do cosmos. Ele criou a luz, separando-a das trevas, e formou o firmamento, dividindo as águas. Esses atos fundamentais prepararam o palco para a vida que estava por vir.

DIAS 3-4: TERRA E CÉUS

O terceiro e quarto dias viram a formação da terra seca e da vegetação, seguidos pela criação dos corpos celestes. Deus ordenou que a terra produzisse plantas e árvores, e colocou o sol, a lua e as estrelas no firmamento para marcar as estações e os tempos.

Dias 5-6: vida animal e humana

Nos últimos dois dias, Deus povoou os céus e as águas com aves e criaturas marinhas e a terra com animais terrestres. O ápice da criação chegou com a formação do ser humano, feito à imagem e semelhança de Deus.

A criação do ser humano

O sexto dia da criação atingiu seu clímax com a formação do ser humano. *Criou Deus o homem à sua imagem, à imagem de Deus o criou; homem e mulher os criou* (Gênesis 1:27). Esse ato singular revela o propósito especial que Deus tinha para a humanidade em Seu plano eterno.

Diferentemente de todas as outras criaturas, os seres humanos foram dotados de características divinas: racionalidade, moralidade, criatividade e a capacidade de se relacionar intimamente com o Criador. Adão e Eva foram colocados no Jardim do Éden, um paraíso terrestre, onde deveriam cuidar da criação de Deus e viver em comunhão perfeita com Ele.

O propósito divino na criação

Glória de Deus

A criação manifesta a glória e a majestade de Deus, revelando Seus atributos divinos por meio da beleza e complexidade do universo.

Comunhão

Deus criou os seres humanos para ter um relacionamento íntimo e pessoal com Ele, refletindo Sua imagem e desfrutando de Sua presença.

Mordomia

A humanidade foi designada como guardiã da criação, com a responsabilidade de cuidar e administrar sabiamente os recursos da Terra.

Revelação

Por meio da criação, Deus revela aspectos de Sua natureza e caráter, permitindo que todos os seres humanos O conheçam.

A QUEDA E A PROMESSA DE REDENÇÃO

A narrativa da criação não estaria completa sem abordar a tragédia da Queda. Adão e Eva, seduzidos pela serpente, desobedeceram a Deus ao comer do fruto proibido. Esse ato de rebelião introduziu o pecado no mundo, corrompendo a criação perfeita de Deus e separando a humanidade de seu Criador.

Contudo, mesmo nesse momento sombrio, o plano eterno de Deus não foi frustrado. Em Sua misericórdia, Ele prometeu um Redentor que esmagaria a cabeça da serpente (Gênesis 3:15). Essa promessa inicial de salvação seria cumprida em Jesus Cristo, o último Adão, que viria para restaurar o que foi perdido na Queda e reconciliar a criação com seu Criador.

A CRIAÇÃO COMO TESTEMUNHO

A narrativa bíblica da criação não se limita apenas aos primeiros capítulos de Gênesis. Ao longo das Escrituras, encontramos referências à obra criadora de Deus como um testemunho poderoso de Sua existência, poder e sabedoria. O salmista declara: *Os céus proclamam a glória de Deus, e o firmamento anuncia as obras das suas mãos* (Salmo 19:1).

O apóstolo Paulo, em sua carta aos Romanos, afirma que os atributos invisíveis de Deus, Seu poder eterno e Sua natureza divina, são claramente vistos na criação (Romanos 1:20). Assim, a criação serve como um testemunho constante da realidade e da grandeza de Deus, convidando todos os seres humanos a reconhecerem e adorarem o Criador.

MAJESTADE

As montanhas e vales proclamam a majestade e o poder de Deus.

COMPLEXIDADE

A complexidade da vida no nível molecular revela a sabedoria incomparável do Criador.

AMOR

A beleza e a harmonia da criação refletem o amor e o cuidado de Deus por Suas criaturas.

ETERNIDADE

A vastidão do universo aponta para a natureza eterna e infinita de Deus.

A NOVA CRIAÇÃO EM CRISTO

O plano eterno de Deus, revelado na criação inicial, encontra sua consumação na nova criação em Cristo. O apóstolo João, em sua visão apocalíptica, contempla *um novo céu e uma nova terra* (Apocalipse 21:1), nos quais a glória de Deus será plenamente manifestada e Sua presença habitará para sempre entre Seu povo.

Essa nova criação não é apenas uma restauração do Éden perdido, mas uma transformação gloriosa que supera a perfeição original. Em Cristo, somos feitas novas criaturas (2 Coríntios 5:17), antecipando o dia em que toda a criação será liberta da escravidão da corrupção (Romanos 8:21). Assim, a narrativa da criação nos leva a olhar não apenas para o passado, mas também para o futuro glorioso que Deus preparou para aqueles que O amam.

8

UM TESTEMUNHO DE PODER, SABEDORIA E AMOR

Na majestade da criação divina, passando pelos livros de Gênesis, Salmos e Provérbios. Testemunharemos o poder incomparável de Deus nas montanhas e nos oceanos, Sua infinita sabedoria na complexidade dos ecossistemas e Seu amor providencial refletido na abundância e na beleza de toda a criação. Esta jornada nos levará a uma compreensão mais profunda e reflexiva do Proposito Divino que nos cerca.

O início da criação: a palavra que dá vida

No princípio, quando tudo era vazio e sem forma, a voz de Deus ecoou pela vastidão do cosmos. "*Haja luz*", e a escuridão foi dissipada pelo brilho da primeira aurora. Esse ato inicial de criação revela o poder incomparável da palavra divina, capaz de trazer à existência o que antes não existia.

O Salmo 33:6 nos lembra: *Pela palavra do Senhor foram feitos os céus, e todo o exército deles pelo sopro da sua boca.* Essa passagem nos convida a refletir sobre a magnitude do poder criativo de Deus, que com mera palavra, moldou os fundamentos do universo.

Dia 1: luz e trevas

Deus separa a luz das trevas, estabelecendo o ciclo fundamental do dia e da noite.

Dia 2: céu e águas

A expansão é criada, separando as águas superiores das inferiores.

Dia 3: terra e vegetação

A terra seca emerge e as plantas começam a brotar, estabelecendo a vida vegetal.

A manifestação do poder divino na natureza

As montanhas imponentes, com seus picos nevados que parecem tocar o céu, são testemunhas silenciosas do poder incomparável de Deus. Suas massas rochosas, criadas pelo o Eterno, nos lembram da eternidade e imutabilidade do Criador. O Salmo 65:6 declara: *Tu que firmas os montes com o teu poder, cingido de força.*

Da mesma forma, os oceanos vastos, com suas profundezas misteriosas e ondas poderosas, revelam a majestade divina. O rugido das ondas e a imensidão do horizonte marítimo nos fazem sentir pequenos diante da grandeza de Deus. Como diz o Salmo 93:4: *Mais poderoso do que o bramido das muitas águas, mais poderoso do que as ondas do mar, é o Senhor nas alturas.*

Essas manifestações da natureza não apenas demonstram o poder de Deus, mas também nos convidam à reverência e à adoração. Diante de tal magnitude, somos chamados a reconhecer nossa pequenez e a grandeza do Criador.

A sabedoria divina refletida na criação

A complexidade dos ecossistemas e a precisão das leis naturais são um testemunho eloquente da sabedoria infinita do Criador. Cada detalhe da criação, desde o menor átomo até as galáxias mais distantes, revela um equilíbrio intricado e proposital.

Provérbios 3:19-20 nos lembra: *O Senhor com sabedoria fundou a terra; preparou os céus com inteligência. Pelo seu conhecimento os abismos se rompem, e as nuvens destilam o orvalho.* Essa passagem nos convida a contemplar a sabedoria divina manifestada na ordem natural do mundo.

Equilíbrio ecológico

A interdependência entre diferentes espécies em um ecossistema demonstra a sabedoria do planejamento divino na criação.

Ciclos naturais

Os ciclos da água, do carbono e dos nutrientes revelam a previsão e o cuidado de Deus em sustentar a vida na Terra.

Leis físicas

As leis fundamentais da física, como a gravidade e o eletromagnetismo, mostram a precisão e a consistência do propósito divino.

Adaptabilidade

A capacidade dos organismos de se adaptarem a diferentes ambientes reflete a sabedoria previdente do Criador.

O amor e a providência de Deus na abundância da criação

A abundância de recursos e a beleza da criação são reflexos tangíveis do amor e do cuidado providencial de Deus por todas as Suas criaturas. Desde as frutas suculentas que pendem dos galhos até as flores coloridas que enfeitam os campos, cada elemento da natureza fala do amor generoso do Criador.

O Salmo 104:24,27-28 expressa belamente essa verdade:

> *Ó Senhor, quão variadas são as tuas obras! Todas as coisas fizeste com sabedoria; cheia está a terra das tuas riquezas. Todas esperam de ti, que lhes dês o sustento em tempo oportuno. Tu lhes dás, e elas o recolhem; abres a tua mão, e elas se fartam de bens.*

Essa abundância não é apenas para satisfazer necessidades básicas, mas também para proporcionar prazer e deleite. A diversidade de sabores, cores e texturas na criação revela um Deus que se preocupa não apenas com nossa sobrevivência, mas também com nossa alegria e satisfação.

A harmonia da criação: um convite à adoração

A harmonia observada na criação não é apenas um testemunho da sabedoria divina, mas também um convite à adoração. Cada aspecto da natureza, desde o canto dos pássaros até o movimento das estrelas, parece entoar um hino de louvor ao Criador.

O Salmo 19:1 proclama: *Os céus declaram a glória de Deus e o firmamento anuncia a obra das suas mãos.* Essa passagem nos lembra que toda a criação está em constante adoração, convidando-nos a nos unirmos a esse coro cósmico de louvor.

Glória celeste

O sol, a lua e as estrelas proclamam diariamente a majestade do Criador.

Louvor terrestre

As árvores, montanhas e rios refletem a beleza e o poder de Deus.

Sinfonia natural

O canto dos pássaros e o rugido dos mares compõem uma melodia de adoração.

Resposta humana

Somos chamados a nos unir a essa adoração universal com gratidão e louvor.

A regência humana: cuidando da criação de Deus

Ao contemplarmos a beleza e a complexidade da criação, somos lembrados de nossa responsabilidade como regentes. Gênesis 1:28 nos diz que Deus abençoou a humanidade e lhe deu domínio sobre a criação. Esse domínio, entretanto, não é uma licença para exploração, mas um chamado ao cuidado responsável.

Provérbios 12:10 afirma: *O justo atento para a vida dos seus animais, mas as entranhas dos ímpios são cruéis*. Essa passagem ressalta a importância de cuidarmos com compaixão de todas as criaturas de Deus. Nossa mordomia deve refletir o amor e a sabedoria do Criador.

Conhecer

Estudar e compreender a criação de Deus para apreciar sua complexidade.

Preservar

Proteger e conservar os recursos naturais para as gerações futuras.

Cultivar

Desenvolver e utilizar os recursos da terra de maneira sustentável.

Restaurar

Trabalhar para reparar os danos causados à criação e promover a harmonia ecológica.

Reflexão final: a criação como reflexo do Criador

Ao concluirmos nossa jornada por meio da narrativa bíblica da criação, somos convidados a uma reflexão profunda sobre como cada aspecto do mundo natural nos revela algo sobre o caráter de Deus. A vastidão dos céus nos fala de sua imensidão, a delicadeza de uma flor nos lembra de sua atenção aos detalhes e a interconexão dos ecossistemas reflete sua sabedoria abrangente.

O apóstolo Paulo, em Romanos 1:20, declara: *Porque os atributos invisíveis de Deus, o seu eterno poder e divindade, são claramente vistos desde a criação do mundo, sendo percebidos mediante as coisas criadas.* Essa passagem nos convida a ver além do físico e tangível, para contemplar as verdades eternas que a criação proclama.

Que possamos, portanto, caminhar por este mundo com olhos abertos e corações sensíveis, reconhecendo em cada montanha, em cada gota de orvalho, e em cada estrela no céu noturno, um testemunho da glória, do poder e do amor infinito de nosso Criador.

9

A CRIAÇÃO COMO TESTEMUNHO DA GLÓRIA DE DEUS

Uma profunda revelação de Deus por meio de Sua criação, examinaremos como o mundo natural serve como um testemunho constante da existência, natureza e glória do Criador. Refletindo sobre como a criação nos convida a uma jornada de descoberta e adoração, aprofundando nossa compreensão e fé em Deus.

A REVELAÇÃO NATURAL DE DEUS

A criação serve como um testemunho eloquente e universal da existência e natureza de Deus. Por meio do mundo natural, o Criador revela aspectos de seu caráter divino, oferecendo a todos os seres humanos a oportunidade de conhecê-Lo de maneira íntima e profunda. Essa revelação natural complementa a revelação especial encontrada nas Escrituras, formando um quadro mais completo da majestade e amor de Deus.

Como o apóstolo Paulo afirma em Romanos 1:20, os atributos invisíveis de Deus são claramente percebidos por meio das coisas criadas. Isto significa que, ao observarmos o mundo ao nosso redor, podemos discernir a sabedoria, o poder e a bondade de Deus refletidos em cada aspecto da natureza.

PODER ETERNO

As vastas galáxias e as minúsculas partículas subatômicas revelam o imenso poder de Deus.

SABEDORIA INFINITA

A complexidade dos ecossistemas e a precisão das leis naturais demonstram a incrível sabedoria divina.

Bondade abundante

A beleza das paisagens e a provisão para todas as criaturas refletem a bondade e o cuidado de Deus.

Criatividade sem limites

A diversidade da vida na Terra ilustra a infinita criatividade do Criador.

A ordem e harmonia do universo

Ao contemplarmos a ordem e a harmonia do universo, somos inevitavelmente levados a reconhecer a sabedoria incomparável do Criador. Desde as órbitas precisas dos planetas até as intrincadas redes de ecossistemas terrestres, cada aspecto da criação revela um propósito meticuloso e uma intencionalidade profunda.

As leis da física, como a gravidade e o eletromagnetismo, mantêm o cosmos em equilíbrio perfeito. Na Terra, os ciclos da água, do carbono e do nitrogênio sustentam a vida em uma dança complexa e harmoniosa. Essa ordem cósmica não apenas nos inspira com sua beleza, mas também nos convida a refletir sobre a mente brilhante por trás de toda essa complexidade.

A diversidade da vida como reflexo da criatividade divina

A incrível diversidade da vida na Terra é um testemunho eloquente da criatividade ilimitada de Deus. Das profundezas dos oceanos às alturas das montanhas, encontramos uma variedade impressionante de formas de vida, cada uma única e maravilhosamente adaptada ao seu ambiente.

Essa riqueza biológica não é apenas funcional, mas também esteticamente deslumbrante. As cores vibrantes de um recife de coral, a graça de um leopardo em movimento, ou a delicadeza de uma orquídea - todas essas maravilhas apontam para um Criador que se deleita na beleza e na diversidade.

Beleza subaquática

Os recifes de coral exibem uma explosão de cores e formas, revelando a criatividade de Deus nas profundezas do mar.

Graça e poder

A elegância e a força de um leopardo em movimento demonstram a maestria do *design* divino no reino animal.

Delicadeza floral

A complexidade e a beleza de uma orquídea refletem o cuidado meticuloso do Criador com os menores detalhes.

Os ciclos da natureza e a fidelidade de Deus

Os ciclos constantes e confiáveis da natureza são um testemunho poderoso da fidelidade de Deus. As estações do ano, o movimento dos astros e os ritmos diários de luz e escuridão refletem a consistência e a confiabilidade do Criador. Assim como o salmista declarou: *Dia após dia fazem declarações, noite após noite revelam conhecimento* (Salmo 19:2).

Esses padrões recorrentes não apenas sustentam a vida na Terra, mas também nos ensinam lições profundas sobre o caráter de Deus. A promessa do amanhecer após cada noite nos lembra da esperança que temos em Deus. O renascimento da primavera após o inverno fala de renovação e ressurreição. Cada ciclo é uma afirmação da constância do amor e cuidado de Deus por Sua criação.

Primavera

Renovação e esperança, simbolizando o renascimento espiritual.

Verão

Abundância e crescimento, refletindo a plenitude da vida em Cristo.

Outono

Colheita e reflexão, lembrando-nos da importância da gratidão.

Inverno

Descanso e preparação, ensinando-nos sobre a importância do silêncio e da espera em Deus.

A criação como um convite à adoração

A beleza e a majestade da criação não são apenas para nossa apreciação estética, mas um convite direto à adoração. Quando nos deparamos com um pôr do sol deslumbrante, uma montanha imponente ou a vastidão do oceano, somos naturalmente levados a um estado de admiração e reverência. Esses momentos de assombro são oportunidades preciosas para reconhecermos e adorarmos o Criador.

O rei Davi, em muitos de seus salmos, expressa como a criação o inspirava a louvar a Deus. No Salmo 19:1, ele declara: *Os céus proclamam a glória de Deus, e o firmamento anuncia a obra das suas mãos.* Assim, cada aspecto da natureza se torna um portal para a adoração, convidando-nos a uma comunhão mais profunda com Deus.

Maravilha

A beleza da criação desperta em nós um senso de admiração e reverência pelo Criador.

Louvor

A natureza nos inspira a expressar gratidão e adoração a Deus por Sua obra maravilhosa.

Reflexão

A criação nos convida a meditar sobre a grandeza e o amor de Deus.

Conexão

Por meio da natureza podemos experimentar uma conexão mais profunda com o Criador.

Nossa responsabilidade como regentes da criação

Ao reconhecermos a criação como uma expressão da glória de Deus, somos chamados a uma responsabilidade sagrada como regentes desta obra divina. Em Gênesis 1:28, Deus confia ao ser humano a tarefa de "dominar" sobre a criação, não no sentido de exploração, mas de cuidado e administração sábia.

Essa mordomia como regente da criação implica um cuidado com o meio ambiente, uso responsável dos recursos naturais e proteção da biodiversidade. Como cristãos, temos a oportunidade única de demonstrar o amor de Deus por meio de nossas ações em relação à criação. Isso inclui práticas sustentáveis, conservação da natureza e educação ambiental, todas realizadas como um ato de adoração e obediência ao Criador.

Cuidado ambiental

Implementar práticas sustentáveis em nossa vida diária, como reciclagem, conservação de energia e redução do desperdício.

Conservação da natureza

Apoiar e participar de iniciativas de preservação de hábitats naturais e proteção de espécies ameaçadas.

Educação e conscientização

Compartilhar conhecimentos sobre a importância da criação e inspirar os outros a valorizá-la como uma expressão do amor de Deus.

Glorificando a Deus por meio da apreciação da criação

Ao concluirmos nossa reflexão sobre a criação como revelação divina, somos lembrados das palavras do apóstolo Paulo: *Porque dele, por ele e para ele são todas as coisas. A ele seja a glória para sempre! Amém* (Romanos 11:36). Essa afirmação poderosa resume nossa jornada de descoberta e adoração por meio da criação.

Ao contemplarmos a majestade do universo, a diversidade da vida e a harmonia dos ciclos naturais, somos convidados a uma adoração mais profunda e significativa. Cada aspecto da criação nos lembra do amor, da sabedoria e do poder de Deus, inspirando-nos a viver em gratidão e reverência. Que possamos, por meio de nossa apreciação e cuidado com a criação, glorificar continuamente a Deus, reconhecendo Sua obra maravilhosa e respondendo com amor e obediência ao Seu chamado em nossas vidas.

10

O CHAMADO À ADORAÇÃO POR MEIO DA CRIAÇÃO

O poder da criação divina em inspirar adoração e reverência ao Criador. Por meio das palavras dos salmistas, do livro de Jó e de Provérbios, conectadas com o capítulo 5 do Apocalipse, veremos como a contemplação da natureza nos leva a um profundo senso de admiração e gratidão a Deus. Cada aspecto da criação, desde as majestosas montanhas até as delicadas flores, nos convida a reconhecer a grandeza de Deus e a responder com louvor sincero.

A MAJESTADE DA CRIAÇÃO

A majestade da criação de Deus é um testemunho constante de Sua grandeza e poder. Quando olhamos para as montanhas imponentes, os oceanos vastos ou o céu estrelado, somos lembrados da imensidão e complexidade do universo que Deus criou. Essa grandeza nos faz refletir sobre nossa própria pequenez diante do Criador.

O Salmo 19:1 declara: *Os céus proclamam a glória de Deus, e o firmamento anuncia a obra das suas mãos*. Essa passagem nos lembra que toda a criação, em sua beleza e complexidade, aponta para a glória de Deus. Ao contemplarmos a natureza, somos convidados a nos maravilhar com a sabedoria e o poder do nosso Criador.

MONTANHAS MAJESTOSAS

As montanhas imponentes nos lembram da força e estabilidade de Deus, inspirando-nos a confiar em Sua proteção.

CÉU ESTRELADO

O céu noturno repleto de estrelas nos faz contemplar a imensidão do universo e a grandeza do Criador.

Florestas exuberantes

As florestas abundantes refletem a vida e a diversidade que Deus criou, lembrando-nos de Sua criatividade e cuidado.

A delicadeza nas pequenas coisas

Enquanto a grandeza da criação nos impressiona, a delicadeza das pequenas coisas também revela o cuidado meticuloso de Deus. Uma flor delicada, um pequeno inseto ou uma gota de orvalho são testemunhos da atenção aos detalhes que nosso Criador tem. Essas maravilhas em miniatura nos convidam a uma adoração íntima e pessoal.

Em Provérbios 6:6-8, somos encorajados a observar a formiga e aprender com sua diligência. Essa passagem nos lembra que até as menores criaturas têm um propósito divino e podem nos ensinar lições valiosas. Ao prestar atenção aos detalhes da criação, podemos descobrir a sabedoria de Deus em ação e ser inspirados a viver de acordo com Seus princípios.

Lições das pequenas criaturas

As formigas nos ensinam sobre trabalho em equipe e preparação para o futuro.

Beleza nos detalhes

As pétalas de uma flor revelam a precisão artística do Criador.

Ciclos da natureza

O orvalho da manhã nos lembra da renovação diária das misericórdias de Deus.

A inspiração de Davi

O rei Davi, conhecido como o "doce cantor de Israel", frequentemente encontrava inspiração para seus salmos na beleza da criação. Seu olhar atento à natureza o levava a profundas reflexões sobre o caráter de Deus e o lugar do homem no plano divino. O Salmo 8:3-4, é um exemplo claro dessa contemplação.

Além disso, no Salmo 19:1-4, Davi escreve:

> *Os céus declaram a glória de Deus; o firmamento proclama a obra das suas mãos. Um dia fala disso a outro dia; uma noite o*

> *revela a outra noite. Não há linguagem nem fala onde não se ouça a sua voz. Seu eco ressoa por toda a terra, e as suas palavras, até os confins do mundo.*

Essa passagem enfatiza como a criação constantemente testemunha sobre Deus, falando uma linguagem universal que todos podem entender.

Observação

Davi observa atentamente a criação ao seu redor, desde os céus estrelados até os animais do campo.

Reflexão

Ele medita sobre o que vê, considerando o poder e a sabedoria necessários para criar tais maravilhas.

Adoração

Suas reflexões o levam naturalmente à adoração, expressando admiração e gratidão a Deus.

Composição

Finalmente, Davi canaliza sua adoração em belos salmos que continuam a inspirar os crentes até hoje.

A sabedoria de Jó

O livro de Jó oferece uma perspectiva única sobre a criação e o papel do homem diante de Deus. Nos capítulos 38 a 41, Deus responde a Jó com uma série de perguntas retóricas que destacam a vastidão e complexidade da criação, lembrando Jó (e a nós) da limitação do entendimento humano diante da sabedoria divina.

Em Jó 12:7-10, lemos:

> *Mas, pergunta agora aos animais, e eles te ensinarão; às aves do céu, e elas te informarão; ou fala com a terra, e ela te instruirá; até os peixes do mar te contarão. Quem, entre todos eles, ignora que a mão do Senhor fez isto? Na sua mão está a vida de cada criatura e o fôlego de toda a humanidade.*

Essa passagem nos convida a aprender com toda a criação, reconhecendo que cada aspecto da natureza tem algo a nos ensinar sobre Deus.

LIÇÕES DOS ANIMAIS

Os animais nos ensinam sobre o instinto, a adaptação e a diversidade da criação divina. Observar seu comportamento pode nos revelar aspectos da sabedoria de Deus.

LIÇÕES DAS PLANTAS

As plantas nos mostram paciência, resiliência e a importância de estarmos enraizados. Seu ciclo de crescimento reflete as estações espirituais de nossas vidas.

LIÇÕES DOS ELEMENTOS

O vento, a chuva e o sol nos lembram do poder e da provisão de Deus. Eles ilustram como Deus cuida de toda a Sua criação, incluindo nós.

A CRIAÇÃO EM ADORAÇÃO

O livro do Apocalipse nos oferece uma visão poderosa de toda a criação unida em adoração ao Criador. Em Apocalipse 5:13, João escreve:

> *Então ouvi todas as criaturas existentes no céu, na terra, debaixo da terra e no mar, e tudo o que neles há, que diziam:* 'Àquele que está assentado no trono e ao Cordeiro sejam o louvor, a honra, a glória e o poder, para todo o sempre!

Essa passagem nos mostra que a adoração a Deus é o destino final de toda a criação.

A visão cósmica da adoração nos lembra que, como seres humanos criados à imagem de Deus, temos um papel especial na liderança dessa sinfonia de louvor. Ao reconhecermos a beleza e o propósito na criação, nos juntamos a um coro universal que transcende o tempo e o espaço, unindo nossas vozes a de todas as criaturas em um hino eterno de louvor ao nosso Criador.

RESPONDENDO COM GRATIDÃO E REVERÊNCIA

A contemplação da criação divina deve nos levar a uma resposta de gratidão e reverência. Quando reconhecemos a beleza, complexidade e propósito em tudo o que Deus criou, somos naturalmente levados a um estado de admiração e agradecimento. Essa gratidão se manifesta não apenas em palavras de louvor, mas também em ações que demonstram respeito e cuidado pela criação de Deus.

O Salmo 95:6-7 nos convida: *Venham! Adoremos prostrados e ajoelhemos diante do Senhor, o nosso Criador; pois ele é o nosso Deus, e nós somos o povo do seu pastoreio, o rebanho que ele conduz.* Essa passagem nos lembra que nossa adoração deve ser acompanhada de uma postura de humildade e submissão ao nosso Criador.

Contemplação

Observar atentamente a criação, reconhecendo a mão de Deus em cada detalhe.

Reflexão

Meditar sobre o que vemos, considerando as implicações para nossa fé e vida.

Gratidão

Expressar agradecimento a Deus por Sua sabedoria, poder e amor revelados na criação.

Ação

Responder com atos de adoração, cuidado pela criação e serviço aos outros.

Vivendo em harmonia com a criação

Compreender nosso lugar na criação de Deus nos leva a uma responsabilidade de viver em harmonia com ela. Gênesis 1:28 nos dá o mandato de "dominar" a terra, mas esse domínio deve ser exercido com sabedoria e cuidado, refletindo o caráter amoroso do nosso Criador. Somos chamados a ser mordomos da criação, preservando e cultivando a beleza que Deus colocou ao nosso redor.

Ao vivermos em harmonia com a criação, não apenas honramos a Deus, mas também experimentamos uma conexão mais profunda com Ele. Romanos 1:20 nos diz: *Pois desde a criação do mundo os atributos invisíveis de Deus, seu eterno poder e sua natureza divina, têm sido vistos claramente, sendo compreendidos por meio das coisas criadas, de forma que tais homens são indesculpáveis.* Assim, ao cuidarmos da criação e vivermos em sintonia com ela, podemos crescer em nossa compreensão e apreciação do próprio Deus.

Preservação

Adotar práticas sustentáveis que protejam e preservem o meio ambiente.

Cultivo

Cultivar jardins, plantar árvores e promover a biodiversidade em nossos ambientes.

Compaixão

Tratar todos os seres vivos com respeito e compaixão, refletindo o amor de Deus.

Educação

Aprender e ensinar sobre a criação de Deus e nossa responsabilidade com ela.

11
CELEBRANDO A GLÓRIA DE DEUS MANIFESTA EM SUA CRIAÇÃO

A profunda conexão entre a criação de Deus e o chamado à adoração. Por meio da água, do sol, da lua e das estrelas, descobriremos como a exuberância desses elementos naturais nos convida a uma reflexão mais profunda sobre a grandeza do Criador. Utilizando passagens bíblicas dos Salmos, Jó, Provérbios e Eclesiastes, mergulharemos em uma jornada espiritual que nos leva a reconhecer e celebrar a glória de Deus manifestada em Sua criação.

A ÁGUA: REFLEXO DA VIDA E DA PURIFICAÇÃO

A água, em sua fluidez e pureza, é um elemento que nos convida à reflexão sobre a vida e a purificação espiritual. Nos Salmos, encontramos belas metáforas que comparam a palavra de Deus à água refrescante para a alma: *Como o cervo brama pelas correntes das águas, assim suspira a minha alma por ti, ó Deus!* (Salmos 42:1).

Essa passagem nos lembra que, assim como nosso corpo anseia por água, nossa alma anseia por Deus. A água também simboliza a purificação e a renovação espiritual, como vemos em Ezequiel 36:25: *Então aspergirei água pura sobre vós, e ficareis purificados; de todas as vossas imundícias e de todos os vossos ídolos vos purificarei.*

O SOL: FONTE DE LUZ E CALOR

O sol, em sua majestade e poder, nos lembra constantemente da glória e da presença de Deus. No livro de Eclesiastes, encontramos uma bela reflexão sobre a importância da luz solar: *Verdadeiramente suave é a luz, e agradável é aos olhos ver o sol* (Eclesiastes 11:7).

Essa passagem nos convida a apreciar a beleza da criação de Deus e a reconhecer Sua bondade em nos proporcionar a luz do dia. Além disso, o salmista compara Deus ao sol, destacando Sua proteção e bênção: *Porque o Senhor Deus é um sol e escudo; o Senhor dará graça e glória; não negará bem algum aos que andam na retidão* (Salmos 84:11).

Assim como o sol fornece luz e calor essenciais para a vida, Deus é nossa fonte de orientação, proteção e bênçãos espirituais.

A LUA: MARCADOR DE TEMPO E REFLEXO DA GLÓRIA DIVINA

CRIAÇÃO DA LUA

Deus fez os dois grandes luzeiros: o maior para governar o dia e o menor para governar a noite; fez também as estrelas (Gênesis 1:16).

PROPÓSITO DA LUA

Ele fez a lua para marcar as estações, e o sol sabe quando deve se pôr (Salmos 104:19).

REFLEXO DA GLÓRIA DE DEUS

Os céus declaram a glória de Deus; o firmamento proclama a obra das suas mãos (Salmos 19:1).

A lua, em sua constante mudança e beleza silenciosa, nos lembra da fidelidade de Deus e de Seu controle sobre o tempo e as estações. Ela nos convida a refletir sobre os ciclos da vida e a confiar no plano divino, mesmo quando não podemos ver claramente o caminho à frente.

AS ESTRELAS: TESTEMUNHAS DA GRANDEZA DO CRIADOR

As estrelas, em sua imensidão e beleza, nos fazem contemplar a vastidão do universo e a grandeza de seu Criador. No livro de Jó, encontramos uma passagem que destaca o poder de Deus sobre as estrelas: *Ele é o que faz a Ursa, o Órion, e o Sete-estrelo, e as recamaras do sul* (Jó 9:9).

Essa passagem nos lembra que Deus não apenas criou as estrelas, mas também as conhece individualmente e as mantém em seus lugares. Em Salmos, somos lembrados da atenção minuciosa de Deus à Sua criação: *Ele conta o número das estrelas, chamando-as todas pelo nome* (Salmos 147:4).

Ao contemplarmos o céu estrelado, somos convidados a refletir sobre nossa própria pequenez diante da vastidão do universo e, ao mesmo tempo, sobre o amor incompreensível de um Deus que nos conhece e nos ama individualmente.

A EXUBERÂNCIA DA CRIAÇÃO: UM CONVITE À ADORAÇÃO

BELEZA DA NATUREZA

Ele fez tudo apropriado a seu tempo. Também pôs no coração do homem o anseio pela eternidade; mesmo assim este não consegue compreender inteiramente o que Deus fez (Eclesiastes 3:11).

SABEDORIA DIVINA

O Senhor com sabedoria fundou a terra; estabeleceu os céus com inteligência (Provérbios 3:19).

CONVITE À ADORAÇÃO

Venham! Adoremos prostrados e ajoelhemos diante do Senhor, o nosso Criador! (Salmos 95:6).

A exuberância da criação, em toda sua diversidade e complexidade, é um testemunho vivo da sabedoria e do poder de Deus. Cada elemento da natureza, desde a menor partícula até as galáxias mais distantes, nos convida a reconhecer a grandeza do Criador e a adorá-Lo com reverência e gratidão.

A RESPOSTA HUMANA: GRATIDÃO E LOUVOR

Diante da majestade da criação, nossa resposta natural deve ser de gratidão e louvor. O salmista nos dá um exemplo poderoso de como expressar nossa admiração e adoração: *Louvai-o, sol e lua; louvai-o, todas as estrelas luzentes. Louvai-o, céus dos céus, e as águas que estão sobre os céus. Louvem o nome do Senhor, pois mandou ele, e foram criados* (Salmos 148:3-5).

Esse chamado ao louvor nos lembra que toda a criação existe para glorificar a Deus. Como seres humanos, criados à imagem e semelhança de Deus, temos a responsabilidade única de reconhecer conscientemente a beleza da criação e oferecer nosso louvor ao Criador.

CONTEMPLAÇÃO

Reservar tempo para observar e apreciar a natureza, reconhecendo a mão de Deus em cada detalhe.

Gratidão

Expressar agradecimento a Deus pela beleza e provisão encontradas na criação.

Mordomia

Cuidar responsavelmente da criação como mordomos fiéis do que Deus nos confiou.

Adoração

Usar a inspiração da natureza para elevar nossos corações em louvor e adoração ao Criador.

Conclusão: o chamado contínuo à adoração

Ao concluirmos nossa reflexão sobre o chamado à adoração por meio da criação, somos lembrados de que a natureza ao nosso redor é um testemunho constante da glória e da bondade de Deus. A água, o sol, a lua e as estrelas, em toda sua exuberância, nos convidam diariamente a pausar, contemplar e adorar.

Como o sábio nos lembra em Eclesiastes 3:11, Deus *fez tudo apropriado a seu tempo* e colocou em nossos corações o anseio pela eternidade. Esse anseio encontra sua expressão mais profunda quando nos conectamos com o Criador por meio de Sua criação.

Que possamos, portanto, cultivar um coração sensível à beleza que nos cerca, permitindo que cada nascer do sol, cada gota de chuva e cada estrela no céu noturno nos leve a uma adoração mais profunda e significativa. Pois, como nos lembra o salmista: *Os céus proclamam a glória de Deus, e o firmamento anuncia a obra das suas mãos* (Salmos 19:1).

12

A GLÓRIA DE DEUS REVELADA NO UNIVERSO

A glória de Deus manifestada na vastidão do universo e na beleza da criação. Por meio de passagens bíblicas e reflexões sobre a natureza, buscaremos inspirar uma conexão mais profunda com o Criador e um senso de reverência diante de sua obra incomparável. Cada seção nos levará a contemplar diferentes aspectos da criação divina, desde a imensidão do cosmos até os detalhes mais intrincados da vida na Terra.

A proclamação dos céus

Os céus são um testemunho silencioso, mas poderoso, da glória de Deus. Como o salmista eloquentemente declara no Salmo 19:1: *Os céus proclamam a glória de Deus, e o firmamento anuncia a obra das suas mãos.* Cada estrela cintilante no céu noturno é como uma joia preciosa na coroa da criação divina, brilhando com uma beleza que transcende nossa compreensão.

Quando olhamos para o céu estrelado, somos convidados a contemplar não apenas a vastidão do universo, mas também a grandeza do Criador que o trouxe à existência. As constelações que dançam acima de nós contam histórias de sua criatividade, enquanto as galáxias distantes sussurram segredos de sua infinitude.

Céu noturno majestoso

O céu noturno, repleto de estrelas cintilantes, serve como um lembrete constante da vastidão e beleza da criação de Deus.

Nebulosas coloridas

As nebulosas no espaço profundo exibem cores vibrantes e formas intrincadas, revelando a criatividade divina em escala cósmica.

Galáxias espirais

As galáxias espirais, com seus braços cintilantes de estrelas, demonstram a ordem e a harmonia presentes na criação de Deus.

A sabedoria nas órbitas celestes

A precisão e a estabilidade das órbitas planetárias são um testemunho da sabedoria infinita de Deus. Como está escrito em Jó 38:33: *Conheces tu as leis do céu? Ou podes estabelecer o seu domínio sobre a terra?* Essa passagem nos lembra da complexidade e da ordem que Deus estabeleceu nos movimentos celestes.

Cada planeta em nosso sistema solar segue um caminho cuidadosamente orquestrado, uma dança cósmica que reflete a mente do Grande Arquiteto. A Terra, posicionada perfeitamente para sustentar a vida, gira em torno do Sol em uma órbita que permite as estações e o florescer da vida. Esse equilíbrio delicado é um reflexo da perfeição do planejamento divino.

Criação dos corpos celestes

No princípio, Deus criou os céus e a terra, estabelecendo as fundações do universo com Sua palavra poderosa.

Porque ele a fundou sobre os mares, e a firmou sobre os rios (Salmos 24:2).

Através da fé entendemos que os mundos foram moldados pela palavra de Deus; de modo que as coisas que são vistas não foram feitas das coisas que aparecem (Hebreus 11:3).

Estabelecimento das órbitas

Deus colocou cada corpo celeste em sua órbita específica, criando um sistema de movimentos celestiais perfeitamente sincronizados.

Manutenção da ordem cósmica

Por meio de Sua providência contínua, Deus mantém a harmonia dos movimentos celestiais, sustentando toda a criação com Seu poder.

A beleza da criação terrestre

A Terra é um testemunho vivo da criatividade e do amor de Deus. Das majestosas montanhas aos vales férteis, cada paisagem conta uma história de beleza divina. O Salmo 104:24 declara: *Ó Senhor, quão variadas são as tuas obras! Todas elas as fizeram com sabedoria; a terra está cheia das tuas riquezas.*

As flores do campo, com suas cores vibrantes e fragrâncias delicadas, são exemplos da atenção de Deus aos detalhes. Jesus nos lembra disso em Mateus 6:28-29: *"E por que andais ansiosos pelo vestuário? Considerai como crescem os lírios do campo: eles não trabalham nem fiam. Contudo, vos digo que nem Salomão, em toda a sua glória, se vestiu como um deles".*

Montanhas majestosas

As montanhas imponentes, com seus picos nevados e encostas íngremes, proclamam a grandeza e a força do Criador. Elas nos lembram do Salmo 95:4: *Nas suas mãos estão as profundezas da terra, e as alturas dos montes são suas.*

Oceanos vastos

Os oceanos, com sua imensidão e mistério, refletem a profundidade do amor de Deus. Como diz o Salmo 93:4: *Mais poderoso do que o bramido das grandes águas, mais poderoso do que as ondas do mar é o Senhor nas alturas.*

Florestas exuberantes

As florestas, com sua biodiversidade rica e beleza exuberante, são um testemunho da criatividade de Deus. Isaías 55:12 nos lembra: *Os montes e os outeiros romperão em cânticos diante de vós, e todas as árvores do campo baterão palmas.*

A complexidade da vida

A complexidade da vida em todas as suas formas é um testemunho impressionante da sabedoria incomparável do Criador. Desde a estrutura intrincada do DNA até os sistemas complexos que sustentam a vida, cada aspecto da biologia aponta para um Designer inteligente. Como está escrito em Salmo 139:14, *Eu te louvo porque me fizeste de modo especial e admirável. Tuas obras são maravilhosas! Digo isso com convicção.*

Considere a complexidade do olho humano, capaz de processar milhões de informações em um instante, ou o sistema imunológico, que protege o corpo contra ameaças invisíveis. Cada célula, cada órgão e cada sistema do corpo trabalha em harmonia perfeita, um testemunho da engenhosidade divina.

DNA: o código da vida

O DNA, com sua estrutura de dupla hélice e capacidade de armazenar informações genéticas, é como um livro escrito por Deus, contendo as instruções para toda a vida.

Sistemas interconectados

Os diversos sistemas do corpo humano, circulatório, nervoso, digestivo, trabalham em perfeita sinergia, demonstrando a sabedoria do Grande Arquiteto em criar um *design* tão complexo e eficiente.

Adaptabilidade das espécies

A capacidade das espécies de se adaptarem a diferentes ambientes revela a previsão e a criatividade de Deus em dotar Suas criaturas com habilidades de sobrevivência únicas.

Ciclos da natureza

Os ciclos naturais, como o da água e das estações, mostram a sabedoria de Deus em criar sistemas autossustentáveis que mantêm o equilíbrio da vida na Terra.

A harmonia da criação

A harmonia observada na criação é um reflexo da perfeição e da ordem estabelecidas por Deus. Desde o equilíbrio delicado dos ecossistemas até a interdependência das espécies, cada aspecto da natureza trabalha em conjunto de maneira surpreendente. Como afirma Colossenses 1:17: *Ele é antes de todas as coisas, e nele tudo subsiste.*

Observe como as abelhas polinizam as flores, contribuindo para a reprodução das plantas e, ao mesmo tempo, coletando néctar para sua própria sobrevivência. Ou considere o ciclo da água, que distribui esse recurso vital por toda a Terra, sustentando a vida em todos os cantos do planeta. Esses são apenas alguns exemplos da interdependência maravilhosa que Deus teceu em Sua criação.

Criação

Deus estabelece os fundamentos da Terra e cria todas as formas de vida, cada uma com seu propósito único.

Interação

As diferentes espécies e elementos da natureza começam a interagir, formando ecossistemas complexos e interdependentes.

Equilíbrio

Um equilíbrio delicado é alcançado, no qual cada parte da criação desempenha seu papel na manutenção da harmonia global.

Renovação

Ciclos naturais de renovação e regeneração asseguram a continuidade e a sustentabilidade da criação de Deus.

O convite à admiração

A beleza e a complexidade da criação nos convidam a uma profunda admiração e reverência pelo Criador. Como o salmista exclama no Salmo 8:3-4: *Quando contemplo os teus céus, obra dos teus dedos, a lua e as estrelas que estabeleceste, que é o homem, para que com ele te importes? E o filho do homem, para que o visites?*

Esse convite à admiração não é apenas um chamado para apreciar a beleza estética, mas uma oportunidade de nos conectarmos mais profundamente com o coração do Criador. Ao contemplarmos a grandeza da criação, somos levados a refletir sobre nossa própria existência e o amor incomparável de Deus que nos criou à Sua imagem.

Amor divino

A criação é uma expressão tangível do amor de Deus por nós, revelando Seu desejo de nos proporcionar um lar belo e abundante.

Descoberta contínua

Deus nos convida a explorar e a descobrir as maravilhas de Sua criação, revelando gradualmente os segredos do universo à humanidade.

Adoração inspirada

A beleza e a complexidade da criação nos inspiram a adorar o Criador, reconhecendo sua majestade e sabedoria infinitas.

Regência responsável

Somos chamados a ser regentes fiéis da criação de Deus, cuidando e preservando a beleza e os recursos que Ele nos confiou.

Nossa resposta à glória divina

Diante da glória de Deus revelada em Sua criação, somos chamados a responder com gratidão, adoração e cuidado. Como o salmista nos exorta no Salmo 96:1-3:

> *Cantai ao Senhor um cântico novo, cantai ao Senhor, todos os habitantes da terra. Cantai ao Senhor, bendizei o seu nome; anunciai de dia em dia a sua salvação. Anunciai entre as nações a sua glória, entre todos os povos as suas maravilhas.*

Nossa resposta deve se manifestar não apenas em palavras de louvor, mas também em ações que refletem nossa apreciação pela criação de Deus. Isso inclui ser mordomos responsáveis do ambiente, tratando todas as criaturas com respeito e compaixão, e compartilhando com outros a maravilha que sentimos ao contemplar a obra do Criador.

Louvor e gratidão

Expressar nossa gratidão a Deus por meio de orações, cânticos e reflexões sobre Sua bondade manifestada na criação.

Cuidado com a criação

Assumir a responsabilidade de cuidar do meio ambiente, preservando a beleza e o equilíbrio que Deus estabeleceu na natureza.

Contemplação e reflexão

Dedicar tempo para contemplar a beleza da criação, permitindo que ela nos leve a uma compreensão mais profunda do caráter e do amor de Deus.

Compartilhar a maravilha

Convidar outras pessoas para apreciarem a glória de Deus revelada na natureza, compartilhando nossas descobertas e inspirações.

A imagem e semelhança de Deus

Exploramos a profunda verdade de sermos criados à imagem e semelhança de Deus. Refletimos sobre como isso molda nossa identidade, propósito e relacionamento com o Criador.

A CRIAÇÃO DIVINA

No princípio, Deus nos criou à Sua imagem e semelhança (Gênesis 1:27). Esse ato não foi mera formalidade, mas uma expressão do amor divino. Fomos dotados de atributos que refletem a natureza de Deus. Essa semelhança é a base da nossa comunhão com Ele.

REFLEXOS DO DIVINO

AMOR

Refletimos o amor incondicional de Deus em nossas relações. Somos chamados a amar como Ele nos amou primeiro.

CRIATIVIDADE

Nossa capacidade criativa espelha a natureza inventiva de Deus. Somos cocriadores em Seu mundo.

JUSTIÇA

O anseio por retidão em nossos corações reflete a justiça perfeita de Deus.

COMUNICAÇÃO

Nossa habilidade de dialogar com Deus e com os outros é um reflexo da natureza comunicativa divina.

PROPÓSITO E ESSÊNCIA

Ser criado à imagem de Deus vai além da forma física. Trata-se de nossa essência e propósito divinos. Fomos feitos para refletir a glória de Deus em tudo que fazemos. Cada ação pode ser um ato de adoração.

COMUNHÃO COM O CRIADOR

Nossa semelhança com Deus nos permite uma profunda comunhão com Ele. Podemos entender seu coração e responder ao Seu amor. Essa conexão íntima é um privilégio único da humanidade. Somos convidados a um relacionamento pessoal com o Criador.

Natureza relacional

Criados para relacionamento

Deus, em Sua essência trinitária, é relacional. Fomos feitos para refletir essa natureza.

Comunidade

Nossa necessidade de comunhão reflete o desejo de Deus por relacionamento conosco.

Amor ao próximo

Amar os outros é uma expressão tangível do nosso amor a Deus.

Restaurando a imagem

O pecado distorceu a imagem de Deus em nós. Mas por meio de Cristo, essa imagem está sendo restaurada. Somos chamados a um processo contínuo de transformação. Cada dia é uma oportunidade de refletir mais a glória de Deus.

Vivendo à imagem de Deus

Reconhecer nossa semelhança com Deus nos chama à responsabilidade de vivermos de maneira digna de ser restaurado em nós a imagem Divina.

Que possamos continuamente buscar refletir o caráter de Deus. Assim, cumpriremos nosso propósito como Suas imagens vivas no mundo.

13

O PROPÓSITO DIVINO: UMA JORNADA POR MEIO DAS ESCRITURAS

O propósito divino de Deus para a humanidade, começando com a criação do homem em Gênesis e culminando nas revelações do Apocalipse. Por meio de uma narrativa profunda e inspiradora, examinaremos como Deus compartilhou sua essência com a humanidade e como Seu plano se desenrola ao longo das Escrituras, oferecendo *insights* devocionais para cristãos que buscam aprofundar sua fé e compreensão da Bíblia.

A CRIAÇÃO DO HOMEM: O SOPRO DIVINO

Em Gênesis 2:7, encontramos uma descrição poética e profunda da criação do homem: *Então, formou o Senhor Deus ao homem do pó da terra e lhe soprou nas narinas o fôlego de vida, e o homem passou a ser alma vivente.* Este versículo revela um momento íntimo e sagrado, em que Deus não apenas molda o corpo físico do homem, mas compartilha Sua própria essência divina.

O ato de soprar nas narinas do homem simboliza a transmissão da vida espiritual, da consciência e da capacidade de se relacionar com o Criador. É como se Deus estivesse colocando uma parte de Si mesmo dentro do ser humano, dotando-o de características únicas que o distinguem de todas as outras criaturas.

FORMAÇÃO DO CORPO

Deus molda o homem do pó da terra, demonstrando Sua criatividade e Seu cuidado na criação física.

Sopro divino

O Criador sopra o fôlego de vida, compartilhando sua essência e estabelecendo uma conexão espiritual única.

Ser vivente

O homem torna-se uma alma vivente, dotado de consciência, livre-arbítrio e capacidade de comunhão com Deus.

O propósito original: comunhão e regência

O propósito divino para a humanidade, como revelado nos primeiros capítulos de Gênesis, era de profunda comunhão com Deus e regência responsável sobre a criação. Em Gênesis 1:26-28, vemos Deus conferindo autoridade ao homem sobre a terra e todas as criaturas. Esse mandato de "dominar" e "sujeitar" não era um convite à exploração, mas uma chamada à administração sábia e amorosa dos recursos da Terra.

Além disso, Gênesis 3:8 nos dá um vislumbre da intimidade que Deus desejava com Sua criação, descrevendo-O *andando no jardim pela viração do dia*. Essa imagem evoca um relacionamento próximo e pessoal entre o Criador e Suas criaturas, um aspecto fundamental do propósito divino.

Comunhão

Deus desejava uma relação íntima e contínua com a humanidade, compartilhando Sua presença e sabedoria.

Regência

O homem foi chamado a cuidar e reger (administrar) a criação de Deus, refletindo Sua bondade e criatividade.

Representação

Como portadores da imagem de Deus, os seres humanos deveriam refletir o caráter divino em suas interações e decisões.

A queda e a promessa de redenção

A narrativa bíblica toma um rumo trágico com a queda da humanidade em Gênesis 3. A desobediência de Adão e Eva resultou na ruptura da comunhão perfeita com Deus e na corrupção da criação. No entanto, mesmo nesse momento sombrio, vemos o propósito divino de redenção começando a se desenrolar.

Em Gênesis 3:15, Deus pronuncia a primeira profecia messiânica, prometendo que a semente da mulher esmagará a cabeça da serpente. Essa promessa estabelece o tema central da narrativa bíblica: o plano de Deus para restaurar a humanidade à comunhão original por meio do futuro Messias.

Ao longo do Antigo Testamento, vemos Deus trabalhando por meio de indivíduos e do povo de Israel para preparar o caminho para a vinda do Redentor. Desde a aliança com Abraão (Gênesis 12:1-3) até as profecias messiânicas de Isaías (Isaías 53), o propósito divino de salvação é consistentemente revelado e desenvolvido.

A ENCARNAÇÃO: O VERBO SE FEZ CARNE

O Novo Testamento inicia com a realização da promessa divina na pessoa de Jesus Cristo. João 1:14 declara: *E o Verbo se fez carne e habitou entre nós, cheio de graça e de verdade, e vimos a sua glória, glória como do unigênito do Pai*. Este versículo captura a essência do propósito divino manifestado em Cristo.

A encarnação de Jesus representa o ápice do plano de Deus para restaurar a comunhão com a humanidade. Em Cristo, vemos a perfeita união entre o divino e o humano, cumprindo o propósito original da criação. Por meio de Sua vida, morte e ressurreição, Jesus estabelece um novo caminho para a reconciliação com Deus.

REVELAÇÃO PLENA DE DEUS

Jesus revela a natureza e o caráter de Deus de maneira tangível e compreensível (Colossenses 1:15).

RESTAURAÇÃO DA COMUNHÃO

Por meio de Cristo, a barreira do pecado é removida, permitindo uma relação renovada com Deus (2 Coríntios 5:18-19).

MODELO DE HUMANIDADE PERFEITA

Jesus demonstra como viver em total submissão à vontade do Pai, cumprindo o propósito divino (João 5:19).

Inauguração do Reino

O ministério de Jesus inicia a realização do Reino de Deus na terra (Marcos 1:15).

A Igreja: corpo de Cristo e agente do Reino

Com a ascensão de Jesus e o derramamento do Espírito Santo em Pentecostes (Atos 2), o propósito divino entra em uma nova fase por meio da formação da Igreja. A Igreja, descrita como o Corpo de Cristo (1 Coríntios 12:27), torna-se o principal veículo para a continuação da missão de Jesus na terra.

Em Efésios 3:10-11, Paulo revela que a Igreja tem um papel crucial no plano eterno de Deus: *Para que, pela Igreja, a multiforme sabedoria de Deus se torne conhecida, agora, dos principados e potestades nos lugares celestiais, segundo o eterno propósito que estabeleceu em Cristo Jesus, nosso Senhor.* A Igreja é chamada a ser uma manifestação visível do amor e da graça de Deus, proclamando o evangelho e demonstrando o Reino de Deus em ação.

Unidade na diversidade

A Igreja reúne pessoas de todas as nações, culturas e origens, demonstrando o poder unificador do evangelho.

Serviço e amor

Por meio de atos de compaixão e serviço, a Igreja reflete o amor de Cristo e estende Seu Reino na terra.

Proclamação da verdade

A Igreja é chamada a proclamar fielmente a mensagem do evangelho, levando esperança e transformação ao mundo.

A grande comissão: expandindo o Reino

Antes de Sua ascensão, Jesus deu à Igreja o que conhecemos como a Grande Comissão, encontrada em Mateus 28:19-20: "*Ide, portanto, fazei discípulos de todas as nações, batizando-os em nome do Pai, e do Filho, e do Espírito Santo; ensinando-os a guardar todas as coisas que vos tenho ordenado. E eis que estou convosco todos os dias até à consumação do século*".

Essa comissão é uma expressão clara do propósito divino para a Igreja e para cada crente individualmente. Ela envolve não apenas a proclamação do evangelho, mas também o discipulado — o processo de ajudar outros a crescer na semelhança de Cristo. Isso reflete o desejo original de Deus de ter um relacionamento próximo com a humanidade e de ver Sua imagem restaurada em nós.

Ir

Sair da zona de conforto e alcançar todas as nações com a mensagem do evangelho.

Fazer discípulos

Guiar pessoas a um relacionamento transformador com Cristo e ajudá-las a crescer na fé.

Batizar

Incorporar novos crentes na comunidade da fé por meio do batismo, simbolizando sua nova vida em Cristo.

Ensinar

Instruir os discípulos a viverem de acordo com os ensinamentos de Jesus, refletindo o caráter de Deus.

A consumação: o Reino plenamente realizado

O livro do Apocalipse nos oferece um vislumbre da consumação final do propósito divino. Em Apocalipse 21:1-5, vemos a descrição de um novo céu e uma nova terra, onde Deus habitará plenamente com Seu povo. Essa visão representa a realização completa do plano de Deus, restaurando e superando a comunhão original do Éden.

Nessa nova criação, o propósito divino é plenamente manifestado. A barreira do pecado é permanentemente removida e a humanidade redimida vive em perfeita harmonia com Deus e com toda a criação. Apocalipse 22:3-4 declara: *Nunca mais haverá qualquer maldição. Nela, estará o trono de Deus e do Cordeiro. Os seus servos o servirão, contemplarão a sua face, e na sua fronte está o nome dele.*

Essa imagem final nos lembra que o propósito de Deus, desde Gênesis até Apocalipse, sempre foi o de estabelecer um reino eterno onde Ele pudesse habitar em íntima comunhão com Seu povo. Por meio de Cristo, esse propósito divino é cumprido e a criação é restaurada à sua glória original e além, para o louvor eterno de Deus.

14

A CRIAÇÃO, QUEDA E REDENÇÃO

A narrativa da criação revela o plano divino, a tragédia da Queda e a promessa de redenção. A criação serve como um testemunho contínuo da majestade e amor de Deus, convidando-nos à adoração e à reflexão profunda.

A PERFEIÇÃO DA CRIAÇÃO ORIGINAL

CRIAÇÃO DIVINA

Deus cria o universo e a Terra em perfeita harmonia. Sua obra reflete sua glória e sabedoria infinita.

HUMANIDADE FORMADA

Adão e Eva são criados à imagem de Deus. Eles desfrutam de comunhão perfeita com o Criador.

JARDIM DO ÉDEN

Um paraíso terrestre é estabelecido. É um reflexo tangível do amor e do cuidado de Deus.

A TRAGÉDIA DA QUEDA

A serpente astuta seduz Eva, que compartilha o fruto proibido com Adão. Este ato de desobediência rompe a harmonia perfeita com Deus. O pecado entra no mundo, corrompendo a criação e separando a humanidade do Criador.

A PROMESSA DE REDENÇÃO

PROFECIA DIVINA

Deus promete um Redentor que esmagará a cabeça da serpente (Gênesis 3:15). Essa profecia é o primeiro vislumbre do plano de salvação.

Esperança na escuridão

Mesmo em meio à tragédia, a misericórdia de Deus brilha. Sua promessa oferece esperança para a humanidade caída.

Cumprimento em Cristo

Jesus, o último Adão, cumpre a antiga promessa. Ele vem para restaurar o que foi perdido e reconciliar a criação.

A criação como testemunho divino

As Escrituras frequentemente apontam para a criação como evidência da existência e caráter de Deus. O Salmo 19:1 declara que os céus proclamam a glória divina. Em Romanos 1:20, Paulo afirma que os atributos invisíveis de Deus são claramente vistos na criação.

Atributos divinos refletidos na criação

Majestade

Montanhas imponentes e vales profundos revelam o poder e a grandeza de Deus. Sua majestade é evidente em cada paisagem.

Complexidade

A intrincada estrutura molecular da vida demonstra a sabedoria incomparável do Criador. Cada célula é um testemunho de seu *design*.

Amor

A beleza e a harmonia da natureza refletem o amor de Deus. Sua criação é um presente de cuidado e afeto.

Eternidade

O vasto universo aponta para a natureza infinita de Deus. As estrelas distantes sussurram sua eternidade.

O convite à adoração

A criação não apenas revela Deus, mas nos convida a adorá-Lo. Sua beleza inspira reverência e gratidão. Ao contemplar sua obra, somos chamados a reconhecer sua grandeza e nos aproximar dEle em adoração sincera.

Mordomia e responsabilidade

Como portadores da imagem de Deus, somos chamados a cuidar da criação. Esse papel de mordomos reflete nossa responsabilidade diante do Criador. Devemos valorizar, proteger e cultivar o mundo que Deus nos confiou, honrando-O por meio de nossas ações.

Comunhão: o coração do propósito divino

Devemos explorar a profunda jornada da comunhão com Deus, o âmago do propósito divino para a humanidade. Desde a criação até os dias atuais, Deus busca um relacionamento íntimo e pessoal conosco. Isso reflete o chamado à intimidade com o Criador, revelando como podemos experimentar seu amor incondicional e presença transformadora em nossas vidas diárias.

A imagem e semelhança de Deus

No início de tudo, Deus nos criou à Sua imagem e semelhança (Gênesis 1:27). Este ato fundamental não foi apenas uma questão de forma, mas de propósito e essência. Fomos dotados de capacidades únicas que refletem os atributos divinos: criatividade, amor, justiça e, acima de tudo, a habilidade de nos comunicarmos com o próprio Criador.

Essa semelhança, amor, justiça e habilidade divina em nós é o alicerce da comunhão que Deus deseja. Ela nos permite não apenas entender seu coração, mas também responder ao Seu amor de maneira profunda e significativa. Somos, em essência, seres relacionais porque Deus é, em Sua natureza, um Deus de relacionamento.

Amor

Refletimos o amor incondicional de Deus.

Criatividade

Expressamos a natureza criativa de Deus.

Justiça

Manifestamos o desejo de Deus por retidão.

Comunicação

Temos a capacidade de dialogar com Deus.

15

O JARDIM DO ÉDEN: O PRIMEIRO SANTUÁRIO

O Jardim do Éden representa mais do que um paraíso terrestre; ele simboliza o primeiro santuário onde Deus e a humanidade desfrutavam de comunhão perfeita. As Escrituras nos revelam que Deus passeava no jardim, buscando Adão e Eva (Gênesis 3:8). Essa imagem poderosa nos mostra o desejo de Deus de estar próximo, de compartilhar momentos de intimidade com Suas criaturas.

No Éden, não havia barreiras entre o divino e o humano. A comunhão era natural, espontânea e contínua. Esse cenário nos dá um vislumbre do plano original de Deus: uma relação harmoniosa, na qual poderíamos experimentar Sua presença sem obstáculos, vivendo em perfeita sintonia com Sua vontade e propósito.

A RUPTURA E A PROMESSA DE RESTAURAÇÃO

A queda da humanidade no pecado criou uma ruptura nessa comunhão perfeita. O pecado ergueu uma barreira entre nós e Deus, fazendo com que nos escondêssemos de Sua presença (Gênesis 3:8-10). Esse momento trágico poderia ter sido o fim da história, mas o amor de Deus prevaleceu.

Mesmo diante da desobediência, Deus não abandonou Seu propósito de comunhão. Imediatamente após a queda, Ele fez a primeira promessa de redenção (Gênesis 3:15), inaugurando um plano divino para restaurar o relacionamento rompido. Essa promessa se desenrola ao longo da história bíblica, culminando na vinda de Jesus Cristo.

A QUEDA

O pecado rompe a comunhão perfeita entre Deus e a humanidade.

A PROMESSA

Deus promete um Salvador que derrotará o mal e restaurará a comunhão.

A PREPARAÇÃO

Deus trabalha por meio da história, preparando o caminho para a redenção.

A RESTAURAÇÃO

Jesus Cristo vem para reconciliar a humanidade com Deus, abrindo o caminho para uma comunhão renovada.

JESUS: O CAMINHO PARA A COMUNHÃO RESTAURADA

Em Jesus Cristo, vemos a expressão máxima do desejo de Deus por comunhão conosco. Ele é Emmanuel, *Deus conosco* (Mateus 1:23), a encarnação do amor divino que busca restaurar o relacionamento perdido. Por meio de Sua vida, morte e ressurreição, Jesus removeu a barreira do pecado e abriu caminho para uma intimidade renovada com o Pai.

A promessa de Jesus de estar conosco sempre (Mateus 28:20) não é apenas um conforto, mas um convite para vivermos em constante comunhão com Ele. Essa presença contínua nos permite experimentar o amor, a graça e o poder transformador de Deus em nossa vida diária, restaurando o propósito original da criação.

CULTIVANDO A COMUNHÃO DIÁRIA

A comunhão com Deus não é um evento isolado, mas um estilo de vida a ser cultivado diariamente. Assim como qualquer relacionamento significativo, nossa conexão com Deus requer tempo, atenção e dedicação. As Escrituras nos oferecem várias práticas que podem nos ajudar a aprofundar a intimidade divina.

A oração, por exemplo, não é apenas um ritual, mas um diálogo contínuo com Deus (1 Tessalonicenses 5:17). A meditação nas Escrituras nos permite ouvir a voz de Deus e alinhar nossos corações com o Seu (Salmo 119:15). O louvor e a adoração nos conectam com a presença de Deus de maneira poderosa (Salmo 22:3).

ORAÇÃO CONTÍNUA

Mantenha um diálogo constante com Deus ao longo do dia, compartilhando seus pensamentos, alegrias e preocupações.

Meditação bíblica

Dedique tempo para refletir profundamente sobre as Escrituras, permitindo que a Palavra de Deus transforme sua mente e coração.

Louvor e adoração

Expresse sua gratidão e amor a Deus por meio do louvor, seja por meio de músicas, palavras ou ações de serviço.

Silêncio e contemplação

Reserve momentos de quietude para simplesmente estar na presença de Deus, escutando Sua voz suave e mansa.

Comunhão na comunidade

Embora a comunhão com Deus seja profundamente pessoal, ela não foi projetada para ser solitária. O plano de Deus inclui a formação de uma comunidade de fé, na qual Sua presença é manifestada coletivamente. Jesus prometeu que onde dois ou três estiverem reunidos em Seu nome, Ele estará no meio deles (Mateus 18:20).

Na Igreja, experimentamos uma dimensão única da comunhão divina. Por meio do partilhar da Palavra, da oração em conjunto, da celebração dos sacramentos e do serviço mútuo, vivenciamos a presença de Deus de maneiras que complementam e enriquecem nossa devoção individual. Essa comunhão coletiva nos fortalece, nos encoraja e nos ajuda a crescer em nossa jornada espiritual.

O propósito eterno: comunhão perfeita

O plano de Deus para a comunhão não termina na vida terrena. As Escrituras nos dão um vislumbre do futuro glorioso que nos aguarda: uma eternidade de comunhão perfeita com Deus. O livro do Apocalipse pinta um quadro vívido desse destino, onde Deus habitará com Seu povo, enxugando todas as lágrimas de seus olhos (Apocalipse 21:3-4).

Essa promessa de comunhão eterna nos lembra que nossa busca por intimidade com Deus nesta vida é apenas o começo. Cada momento de conexão que experimentamos aqui é um prenúncio da glória que está por vir. Portanto, somos chamados a viver com uma expectativa ardente, cultivando diariamente nossa comunhão com Deus, sabendo que um dia estaremos face a face com Aquele que nos amou desde o princípio.

CRIAÇÃO

    Deus nos cria para comunhão.

REDENÇÃO

    Cristo restaura a possibilidade de comunhão.

SANTIFICAÇÃO

    O Espírito Santo aprofunda nossa comunhão.

GLORIFICAÇÃO

    Entramos na comunhão perfeita e eterna com Deus.

16

COMUNHÃO: O CORAÇÃO DO PROPÓSITO DIVINO

A profunda jornada da comunhão com Deus, o âmago do propósito divino para a humanidade. Desde a criação até os dias atuais, Deus busca um relacionamento íntimo e pessoal conosco. Somos convidados por Deus a viver uma intimidade com o ele, revelando como podemos experimentar. Seu amor incondicional e Sua presença transformadora em nossas vidas diárias.

A imagem e semelhança de Deus

No início de tudo, Deus nos criou à Sua imagem e semelhança (Gênesis 1:27). Este ato fundamental não foi apenas uma questão de forma, mas de propósito e essência. Fomos dotados de capacidades únicas que refletem os atributos divinos: criatividade, amor, justiça e, acima de tudo, a habilidade de nos comunicarmos com o próprio Criador.

17

A NOVA CRIAÇÃO EM CRISTO: UMA JORNADA PELAS ESCRITURAS

Uma jornada inspiradora por meio das Escrituras Sagradas, explorando o tema da nova criação em Cristo. Desde o Gênesis até o Apocalipse, veremos como o plano eterno de Deus se desenrola, culminando na gloriosa transformação de todas as coisas. Essa reflexão nos convida a contemplar não apenas nossa história passada, mas também o futuro radiante que nos aguarda em Cristo.

O início da criação

No princípio, Deus criou os céus e a terra (Gênesis 1:1). Este ato inaugural de criação estabeleceu o palco para toda a história da redenção. O Jardim do Éden, descrito em Gênesis 2, era um reflexo da perfeição divina, em que Adão e Eva desfrutavam de comunhão íntima com seu Criador.

Contudo, a entrada do pecado no mundo (Gênesis 3) trouxe consigo a corrupção e a morte, afetando não apenas a humanidade, mas toda a criação. Este evento trágico criou a necessidade de uma nova criação, um tema que ecoa ao longo de toda a narrativa bíblica.

A promessa de restauração

Mesmo diante da queda, Deus não abandonou Sua criação. Ao longo do Antigo Testamento, vemos promessas de restauração e renovação. O profeta Isaías, por exemplo, proclama: *Pois eis que eu crio novos céus e nova terra; e não haverá lembrança das coisas passadas, nem mais se recordarão* (Isaías 65:17).

Essa promessa de uma nova criação não era apenas uma restauração física, mas uma transformação completa que abrangeria todos os aspectos da existência. Os profetas falavam de um tempo em que a paz reinaria (Isaías 11:6-9), a justiça prevaleceria (Amós 5:24) e Deus habitaria novamente com Seu povo (Ezequiel 37:27).

A QUEDA
O pecado entra no mundo, corrompendo a criação original.

AS PROFECIAS
Deus promete restauração por meio dos profetas.

A VINDA DE CRISTO
Jesus inaugura o Reino de Deus e inicia a nova criação.

A CONSUMAÇÃO FINAL
A nova criação é plenamente realizada na volta de Cristo

CRISTO COMO O NOVO ADÃO

A vida de Jesus Cristo marca o início da nova criação. O apóstolo Paulo, em suas epístolas, apresenta Cristo como *o último Adão* e *o segundo homem* (1 Coríntios 15:45-47). Onde o primeiro Adão falhou, trazendo pecado e morte, Cristo triunfou, trazendo justiça e vida.

Em Sua encarnação, vida, morte e ressurreição, Jesus inaugurou uma nova era. Ele declarou: *"Eis que faço novas todas as coisas"* (Apocalipse 21:5). Por meio de Sua obra redentora, Cristo abriu o caminho para a restauração de todas as coisas, cumprindo as antigas promessas e iniciando o processo de renovação cósmica.

ADÃO

Trouxe pecado, morte, desobediência e expulsão do Éden.

Portanto, como por um homem o pecado entrou no mundo, e pelo pecado a morte, assim também a morte passou a todos os homens, porque todos pecaram (Romanos 5:12).

Pois desde que a morte veio por um homem, também por um homem veio a ressurreição dos mortos (1 Coríntios 15:21).

Porque, assim como em Adão todos morrem, igualmente também em Cristo todos serão vivificados (1 Coríntios 15:22).

CRISTO

Trouxe justiça, vida, obediência perfeita e restauração do paraíso.

A nova criação na Igreja

A Igreja, como corpo de Cristo, é chamada a ser um sinal visível da nova criação no mundo presente. Paulo afirma: *"Se alguém está em Cristo, é nova criação. As coisas antigas já passaram; eis que surgiram coisas novas!"* (2 Coríntios 5:17). Essa transformação não é apenas individual, mas coletiva.

Na comunidade da Igreja, vemos vislumbres do futuro Reino de Deus. As barreiras étnicas, sociais e de gênero são derrubadas (Gálatas 3:28). O amor sacrificial e o perdão radical são praticados. A adoração e o serviço apontam para a realidade vindoura onde toda a criação adorará seu Criador em perfeita harmonia.

A esperança da nova criação

A esperança da nova criação não é uma fuga da realidade presente, mas uma força motivadora para a transformação do mundo. Paulo fala de toda a criação gemendo *como em dores de parto* (Romanos 8:22), aguardando sua libertação final. Essa esperança nos chama a sermos mordomos responsáveis da criação de Deus, trabalhando pela justiça e pela paz.

Ao mesmo tempo, reconhecemos que a plena realização da nova criação só virá com a volta de Cristo. Pedro exorta os crentes a viverem vidas santas e piedosas, *esperando e apressando a vinda do dia de Deus* (2 Pedro 3:11-12). Nossa esperança na nova criação molda nossa ética, nossa missão e nossa visão de futuro.

Cuidado com a criação

Somos chamados a ser mordomos responsáveis do mundo que Deus criou, preservando e cultivando a beleza da natureza.

Justiça social

A esperança da nova criação nos impulsiona a lutar contra a injustiça e a opressão, buscando refletir o Reino de Deus em nossas sociedades.

Evangelização

Compartilhamos as boas novas da nova criação em Cristo, convidando outras pessoas a participarem dessa realidade transformadora.

Santificação

Buscamos viver vidas santas e piedosas, permitindo que o Espírito Santo nos transforme à imagem de Cristo.

A visão do Apocalipse

O livro do Apocalipse oferece a visão mais vívida da nova criação. João contempla *um novo céu e uma nova terra* (Apocalipse 21:1), onde não haverá mais morte, nem pranto, nem dor. A Nova Jerusalém desce do céu, simbolizando a união perfeita entre o divino e o humano, o celestial e o terreno.

Nessa visão, vemos a consumação de todo o plano redentor de Deus. O tabernáculo de Deus estará entre os homens (Apocalipse 21:3), cumprindo o propósito original da criação. A árvore da vida, outrora guardada no Éden, agora está acessível a todos, *para a cura das nações* (Apocalipse 22:2). Essa é a imagem da restauração total e da harmonia cósmica.

Vivendo na antecipação da nova criação

À medida que caminhamos pela narrativa bíblica da nova criação, somos chamados a viver na tensão do "já e ainda não". Por um lado, em Cristo, já somos novas criaturas. Por outro, aguardamos a plena manifestação dessa realidade. Essa perspectiva de uma nova criação transforma nossa visão do presente e do futuro.

Somos convidados a ser agentes da nova criação no mundo, por meio de atos de amor, justiça e cuidado com a criação. Ao mesmo tempo, vivemos com uma expectativa ardente da volta de Cristo e da consumação final de todas as coisas. Nesta jornada, encontramos esperança, propósito e uma profunda alegria, sabendo que o Deus que começou a boa obra em nós e no cosmos, certamente a completará (Filipenses 1:6).

Regeneração

Experimentamos a nova vida em Cristo por meio da fé e do arrependimento.

Transformação

O Espírito Santo nos molda à imagem de Cristo, renovando nossa mente e nosso coração.

Missão

Vivemos como embaixadores da nova criação, proclamando e demonstrando o Reino de Deus.

Glorificação

Aguardamos a transformação final de nossos corpos e de toda a criação na volta de Cristo.

18

DO ÉDEN À NOVA JERUSALÉM: A JORNADA DA COMUNHÃO DIVINA

A profunda jornada espiritual da humanidade, desde o Jardim do Éden até a Nova Jerusalém. Examinaremos como o plano de Deus para uma comunhão íntima com Sua criação se desenrola por meio das Escrituras, revelando Seu desejo constante de restaurar a relação perdida no Éden e culminando na gloriosa reconciliação descrita no livro de Apocalipse.

O Éden: o primeiro santuário de Deus

O Jardim do Éden não era apenas um paraíso terrestre, mas o primeiro santuário divino na Terra. Nesse lugar sagrado, Deus e a humanidade desfrutavam de uma comunhão perfeita e sem barreiras. A descrição bíblica nos revela a intimidade dessa relação: *Ouviram a voz do Senhor Deus, que andava pelo jardim quando soprava a brisa do dia* (Gênesis 3:8).

Essa cena nos transporta para um tempo em que o divino e o humano coexistiam em harmonia perfeita. O Éden era um reflexo tangível do coração de Deus, um lugar onde Sua presença era palpável e Sua voz era ouvida claramente. Era um santuário vivo, onde cada elemento da criação cantava louvores ao Criador.

A comunhão perdida: a queda e suas consequências

A entrada do pecado no mundo por meio da desobediência de Adão e Eva trouxe consequências devastadoras para a comunhão entre Deus e a humanidade. O que antes era uma relação natural e espontânea tornou-se fraturada e distante. A expulsão do Jardim do Éden simbolizou não apenas a perda de um lar físico, mas a ruptura de uma intimidade espiritual profunda.

A tentação

A serpente semeia dúvidas sobre a bondade de Deus, levando Eva e Adão a desafiarem Sua única proibição.

A desobediência

Adão e Eva comem do fruto proibido, rompendo a confiança e a obediência que tinham com Deus.

O julgamento

Deus pronuncia as consequências do pecado, incluindo a morte e a expulsão do Jardim do Éden.

A separação

A humanidade é banida da presença imediata de Deus, iniciando uma longa jornada de redenção.

O anseio divino: Deus busca seu povo

Mesmo após a Queda, o desejo de Deus de estar próximo à humanidade não diminuiu. Ao longo da história bíblica, vemos Deus buscando ativamente restaurar a comunhão perdida. Essa busca divina se manifesta de diversas formas:

- o chamado de Abraão para ser o pai de uma nação santa;
- a libertação do povo de Israel do Egito;
- a entrega da Lei no Monte Sinai;
- a construção do Tabernáculo e, posteriormente, do Templo.

Cada um desses eventos representa uma tentativa de Deus de se aproximar de Seu povo, criando espaços e momentos de encontro. O Tabernáculo, em particular, simbolizava a presença de Deus no meio do acampamento israelita, um eco distante do Éden, onde Deus podia mais uma vez "habitar" entre Seu povo.

A encarnação: Deus caminha novamente entre nós

A vinda de Jesus Cristo à Terra representa o ápice do desejo de Deus de restaurar a comunhão com a humanidade. Em Jesus, Deus literalmente *habitou entre nós* (João 1:14), ecoando os dias do Éden quando Ele caminhava no jardim. A encarnação é a manifestação suprema do amor de Deus e Seu desejo de proximidade com Suas criaturas.

Immanuel

"Deus conosco" — Jesus traz a presença divina de volta ao meio da humanidade, cumprindo profecias antigas e renovando a esperança de comunhão.

O novo Adão

Cristo vem como o novo Adão, para desfazer o que o primeiro Adão fez, restaurando a relação entre Deus e a humanidade por meio de Sua vida perfeita e do sacrifício redentor.

O véu rasgado

Na morte de Jesus, o véu do templo se rasga, simbolizando o acesso livre à presença de Deus, um retorno simbólico ao estado de comunhão do Éden.

A Igreja: comunidade de comunhão

Com a vinda do Espírito Santo no Pentecostes, a Igreja nascente se torna o novo "lugar" de encontro entre Deus e a humanidade. Paulo descreve os crentes como *templos do Espírito Santo* (1 Coríntios 6:19), indicando que a presença de Deus agora habita em Seu povo de uma maneira íntima e pessoal.

A Igreja, como corpo de Cristo, é chamada a ser um vislumbre do Éden restaurado, um espaço onde a comunhão com Deus e entre os irmãos é vivida e celebrada. Por meio da adoração, da comunhão fraterna, da partilha da Palavra e dos sacramentos, os crentes experimentam um antegosto da comunhão plena que está por vir.

Presença do Espírito

O Espírito Santo habita nos crentes, guiando-os e capacitando-os para viver em comunhão com Deus.

Ceia do Senhor

Memorial da obra redentora de Cristo e antecipação do banquete celestial.

Palavra de Deus

Por meio das Escrituras, Deus continua a falar e a se revelar ao Seu povo.

Comunhão fraterna

O amor mútuo entre os crentes reflete o amor de Deus e fortalece a comunidade.

A Nova Jerusalém: o Éden restaurado

O livro do Apocalipse nos apresenta a visão gloriosa da Nova Jerusalém, o cumprimento final do desejo de Deus de habitar com Seu povo. Essa cidade celestial é descrita como um novo Éden, onde a comunhão entre Deus e a humanidade é plenamente restaurada: *Então ouvi uma forte voz que vinha do trono e dizia: "Agora o tabernáculo de Deus está com os homens, com os quais ele viverá. Eles serão os seus povos; o próprio Deus estará com eles e será o seu Deus"* (Apocalipse 21:3).

Nessa nova realidade, as barreiras que separavam o céu e a terra são removidas. A presença de Deus não é mais limitada a um jardim, um tabernáculo ou um templo, mas permeia toda a criação renovada. A árvore da vida, outrora guardada por querubins no Éden, agora está acessível a todos, simbolizando a vida eterna em comunhão com Deus.

Conclusão: o convite à comunhão eterna

A narrativa bíblica, do Éden à Nova Jerusalém, revela o coração imutável de Deus: Seu desejo de comunhão com a humanidade. Esse arco redentor nos mostra que, apesar da ruptura causada pelo pecado, Deus nunca desistiu de Seu plano original de intimidade com Suas criaturas.

Hoje, enquanto aguardamos a plena realização dessa promessa, somos convidados a entrar nessa comunhão por meio de Cristo. Cada momento de oração, cada ato de adoração, cada experiência do amor de Deus em nossas vidas é um vislumbre do Éden restaurado que nos espera.

Gratidão

Reconheçamos o incessante amor de Deus que busca restaurar a comunhão conosco.

Resposta

Aceitemos o convite divino para uma relação íntima e transformadora com Ele.

Esperança

Aguardemos com alegria o dia em que estaremos face a face com nosso Criador na Nova Jerusalém.

Missão

Sejamos embaixadores dessa comunhão, convidando outros a experimentar o amor de Deus.

19

A PRESTAÇÃO DE CONTAS A DEUS: DO ÉDEN AO JUÍZO FINAL

A profunda conexão entre o pecado de Adão no Jardim do Éden e o juízo final descrito no Apocalipse. Por meio de uma análise solene e reverente, examinaremos como a narrativa bíblica, repleta de figuras e símbolos, traça um paralelo entre os eventos do Antigo Testamento e o julgamento final da humanidade. Essa jornada interpretativa revelará as intrincadas ligações entre o início da história humana e o seu culminar escatológico.

A queda de Adão: o primeiro julgamento

O relato da queda de Adão no Jardim do Éden representa o primeiro julgamento divino na história da humanidade. Esse evento primordial estabelece o padrão para a prestação de contas perante Deus, que se estenderá até ao juízo final.

Em Génesis 3:8-19, testemunhamos Deus a chamar Adão para prestar contas pelos seus atos. Esse momento solene ecoa por meio dos tempos, prefigurando o juízo final descrito em Apocalipse 20:11-15.

A transgressão

Adão e Eva comem do fruto proibido, desobedecendo ao mandamento divino (Génesis 3:6).

O chamamento

Deus chama Adão, perguntando: *"Onde estás?"* (Génesis 3:9), simbolizando o chamamento de cada alma para o juízo.

O julgamento

Deus pronuncia as consequências do pecado, incluindo a mortalidade e a expulsão do Éden (Génesis 3:16-19).

O DILÚVIO: JULGAMENTO UNIVERSAL

O dilúvio do tempo de Noé representa um julgamento universal, prefigurando o juízo final. Essa narrativa estabelece um precedente para a intervenção divina na história humana em resposta à maldade generalizada.

Em Génesis 6:5-7, Deus observa a corrupção da humanidade e decide agir. Esse evento encontra paralelo no juízo final descrito em Apocalipse 20:13, onde o mar, a morte e o Hades entregam os mortos para serem julgados.

A ARCA DE NOÉ

Simboliza a salvação divina em meio ao julgamento, assim como os salvos em Cristo no juízo final.

O TRONO BRANCO

Representa o tribunal divino no Apocalipse, onde toda a humanidade será julgada.

A TORRE DE BABEL: JULGAMENTO DA ARROGÂNCIA HUMANA

A narrativa da Torre de Babel em Génesis 11:1-9 ilustra o julgamento divino sobre a arrogância e a rebelião humana. Esse episódio prefigura aspectos do juízo final, onde toda a obra humana será avaliada.

A dispersão das línguas e povos em Babel contrasta com a reunião de todas as nações para o juízo, como descrito em Apocalipse 20:12. Ambos os eventos demonstram a soberania de Deus sobre os assuntos humanos e a Sua capacidade de frustrar os planos que se opõem à Sua vontade.

UNIDADE NA REBELIÃO

Em Babel, a humanidade une-se em oposição a Deus, buscando fazer um nome para si mesma.

INTERVENÇÃO DIVINA

Deus intervém, confundindo as línguas e dispersando os povos, demonstrando Seu poder e julgamento.

REUNIÃO PARA O JUÍZO

No Apocalipse, todas as nações são reunidas diante do trono de Deus para o julgamento final.

Sodoma e Gomorra: julgamento da imoralidade

A destruição de Sodoma e Gomorra, narrada em Génesis 19, serve como um poderoso símbolo do julgamento divino sobre a imoralidade e a injustiça. Esse evento prefigura aspectos do juízo final descrito no Apocalipse.

A intervenção divina em Sodoma e Gomorra é mencionada em 2 Pedro 2:6 como um exemplo do destino dos ímpios, estabelecendo uma ligação direta com o juízo final. O fogo e enxofre que destruíram estas cidades ecoam na descrição do lago de fogo em Apocalipse 20:14-15.

Investigação divina

Deus "desce" para verificar a situação em Sodoma (Génesis 18:20-21), assim como no juízo final, cada obra será examinada.

Intercessão de Abraão

A intercessão de Abraão (Génesis 18:23-33) prefigura o papel de Cristo como advogado dos crentes no juízo final.

Resgate dos justos

A salvação de Ló e sua família (Génesis 19:15-22) simboliza o resgate dos justos antes do juízo final.

Julgamento irrevogável

A destruição total das cidades (Génesis 19:24-25) ilustra a natureza definitiva do juízo final sobre os impenitentes.

O Êxodo: libertação e julgamento

A narrativa do Êxodo, particularmente as pragas sobre o Egito e a travessia do Mar Vermelho, apresenta um poderoso paralelo com o juízo final descrito no Apocalipse. Esse evento histórico demonstra tanto a libertação do povo de Deus quanto o julgamento sobre os seus opressores.

As pragas do Egito (Êxodo 7-12) encontram eco nas taças da ira de Deus em Apocalipse 16. A travessia do Mar Vermelho (Êxodo 14) prefigura a vitória final dos santos sobre as forças do mal, como descrito em Apocalipse 15:2-4.

Evento do Êxodo	Paralelo no Apocalipse
Pragas sobre o Egito	Taças da ira (Apocalipse 16)
Libertação por meio do Mar Vermelho	Vitória sobre a besta (Apocalipse 15:2-4)
Destruição do exército egípcio	Derrota final dos inimigos de Deus (Apocalipse 19:19-21)
Cântico de Moisés (Êxodo 15)	Cântico de Moisés e do Cordeiro (Apocalipse 15:3-4)

Os profetas e o dia do Senhor

Os profetas do Antigo Testamento frequentemente falavam do "Dia do Senhor", um conceito que prefigura o juízo final descrito no Apocalipse. Esse tema recorrente na literatura profética estabelece uma ligação direta entre as visões do Antigo Testamento e a escatologia do Novo Testamento.

Profetas como Joel, Amós, Isaías e Malaquias descreveram o Dia do Senhor como um tempo de julgamento e purificação. Essas profecias encontram o seu cumprimento último no juízo final do Apocalipse.

Joel 2:1-2: descreve o Dia do Senhor como um tempo de escuridão e julgamento, ecoando a linguagem de Apocalipse 6:12-17.

Amós 5:18-20: adverte contra o desejo do Dia do Senhor, enfatizando sua natureza de julgamento, semelhante à advertência em Apocalipse 6:15-17.

Isaías 13:9-11: retrata o Dia do Senhor como um tempo de ira divina e destruição cósmica, paralelo a Apocalipse 6:12-14.

Malaquias 4:1-3: profetiza sobre o dia ardente como uma fornalha, reminiscente do lago de fogo em Apocalipse 20:14-15.

A promessa da redenção final

Embora o tema do julgamento seja proeminente na narrativa bíblica, desde o Éden até ao Apocalipse, a Escritura também oferece uma poderosa mensagem de esperança e redenção. Essa promessa de restauração final encontra a sua expressão mais plena na visão da Nova Jerusalém no Apocalipse.

A promessa feita a Adão e Eva em Génesis 3:15, conhecida como o "protoevangelho", encontra o seu cumprimento final na vitória de Cristo sobre Satanás, descrita em Apocalipse 20:10. A árvore da vida, perdida no Éden, reaparece na Nova Jerusalém (Apocalipse 22:2), simbolizando a restauração completa da comunhão entre Deus e a humanidade.

Redenção em Cristo

A obra redentora de Cristo na cruz cumpre a promessa de Génesis 3:15 e abre caminho para a vitória final sobre o pecado e a morte.

Reino Eterno

O estabelecimento do reino eterno de Deus, profetizado no Antigo Testamento, encontra a sua realização plena na Nova Jerusalém.

Restauração da vida

A árvore da vida na Nova Jerusalém simboliza a restauração completa da vida eterna e da comunhão com Deus, perdidas no Éden.

Revelação final

O Apocalipse serve como a revelação final de Deus, cumprindo e concluindo a narrativa iniciada no Génesis.

20

A JORNADA DA REDENÇÃO: DE GÊNESIS A APOCALIPSE

A narrativa bíblica da redenção é uma jornada épica que se estende desde a criação até o fim dos tempos. Nessa jornada, homens e mulheres desempenharam papéis cruciais no plano divino de salvação, cada um contribuindo de maneira única para o cumprimento das promessas de Deus. Vamos explorar as vidas desses personagens inspiradores e suas contribuições para o grande plano de redenção de Deus para a humanidade.

Adão e Eva: o início da necessidade de redenção

A história da redenção começa com Adão e Eva, os primeiros seres humanos criados por Deus. Embora tenham sido criados à imagem de Deus (Gênesis 1:27), sua desobediência introduziu o pecado no mundo, criando a necessidade de redenção.

Após a queda, Deus fez a primeira promessa de redenção: *"Porei inimizade entre você e a mulher, entre a sua descendência e o descendente dela; este lhe ferirá a cabeça, e você lhe ferirá o calcanhar"* (Gênesis 3:15). Essa profecia, conhecida como o "protoevangelho", aponta para a vinda de Cristo e Sua vitória sobre Satanás.

Criação

Deus cria Adão e Eva à Sua imagem (Gênesis 1:27-28).

Queda

Adão e Eva desobedecem a Deus, introduzindo o pecado (Gênesis 3:6-7).

Promessa

Deus promete a redenção por meio da descendência da mulher (Gênesis 3:15).

NOÉ: PRESERVAÇÃO DA HUMANIDADE PARA A REDENÇÃO

Noé desempenhou um papel crucial na preservação da humanidade para o plano de redenção de Deus. Em um mundo corrompido pelo pecado, *Noé, porém, achou graça aos olhos do Senhor* (Gênesis 6:8). Deus escolheu Noé para construir a arca e salvar sua família e os animais do dilúvio.

A obediência de Noé à orientação divina permitiu que a linhagem humana continuasse preservando assim a possibilidade da vinda do Redentor prometido. Após o dilúvio, Deus estabeleceu uma aliança com Noé, prometendo nunca mais destruir a terra com água (Gênesis 9:11): "*Estabeleço a minha aliança com vocês: nunca mais será ceifada nenhuma forma de vida pelas águas de um dilúvio; nunca mais haverá dilúvio para destruir a terra*" (Gênesis 9:11).

ABRAÃO: O PAI DA FÉ E A PROMESSA DO MESSIAS

Abraão é uma figura central no plano de redenção de Deus. Deus o chamou para deixar sua terra natal e ir para uma terra prometida, fazendo-lhe uma promessa extraordinária: "*Por meio de você todos os povos da terra serão abençoados*" (Gênesis 12:3). Essa promessa apontava diretamente para o Messias que viria da linhagem de Abraão.

A fé de Abraão em Deus, mesmo diante de circunstâncias impossíveis, o tornou o *pai de todos os que creem* (Romanos 4:11). Sua disposição em sacrificar seu filho Isaac (Gênesis 22) prefigurou o sacrifício de Deus de Seu próprio Filho para a redenção da humanidade.

CHAMADO

Deus chama Abraão para deixar sua terra (Gênesis 12:1-3).

PROMESSA

Deus promete abençoar todas as nações por meio de Abraão (Gênesis 12:3).

FÉ

Abraão crê em Deus e isso lhe é creditado como justiça (Gênesis 15:6).

PROVA

Abraão demonstra fé ao estar disposto a sacrificar Isaac (Gênesis 22:1-18).

Moisés: libertador e mediador da lei

Moisés desempenhou um papel crucial no plano de redenção de Deus como libertador do povo de Israel da escravidão no Egito e mediador da Lei de Deus. Por meio de Moisés, Deus realizou os milagres do Êxodo, estabeleceu a Páscoa (que prefigurava o sacrifício de Cristo) e deu os Dez Mandamentos.

A vida de Moisés apontava para Cristo de várias maneiras. Como profeta, ele predisse a vinda de um profeta maior: *O Senhor, o seu Deus, levantará do meio de seus irmãos um profeta como eu; a ele vocês ouvirão* (Deuteronômio 18:15). Jesus é identificado no Novo Testamento como o cumprimento dessa profecia (Atos 3:22). Moisés respondeu ao povo: *Não tenham medo. Fiquem firmes e vejam o livramento que o Senhor lhes trará hoje* (Êxodo 14:13).

Davi: o rei segundo o coração de Deus

Davi, o pastor que se tornou rei, ocupa um lugar especial na história da redenção. Deus fez uma aliança com Davi, prometendo que seu trono seria estabelecido para sempre (2 Samuel 7:16). Essa promessa apontava diretamente para Jesus, o "Filho de Davi" e o Rei eterno.

A vida de Davi, com suas vitórias e falhas, ilustra a necessidade de redenção e a graça de Deus. Seus salmos expressam profunda devoção a Deus e muitas vezes profetizam sobre o Messias vindouro. Por exemplo, o Salmo 22 descreve vividamente a crucificação de Jesus, séculos antes do evento.

Ungido rei:

Samuel unge Davi como rei de Israel (1 Samuel 16:13).

Aliança davídica

Deus promete um reino eterno a Davi (2 Samuel 7:16).

Salmos messiânicos

Davi escreve salmos que profetizam sobre o Messias (Ex.: Salmo 22, 110).

Linhagem real

Jesus nasce como descendente de Davi, cumprindo a promessa (Mateus 1:1).

Maria: a mãe do redentor

Maria, a mãe de Jesus, ocupa um lugar único na história da redenção. Escolhida por Deus para dar à luz o Salvador, sua humilde aceitação da vontade divina é um exemplo de fé e obediência: *"Eis aqui a serva do Senhor; faça-se em mim segundo a tua palavra"* (Lucas 1:38).

O cântico de Maria, conhecido como Magnificat (Lucas 1:46-55), revela sua profunda compreensão do plano redentor de Deus e Seu cuidado pelos humildes. Por meio de Maria, a antiga profecia de Isaías se cumpriu: *Portanto, o Senhor mesmo lhes dará um sinal: a virgem ficará grávida e dará à luz um filho, e o chamará Emanuel* (Isaías 7:14). *Minha alma engrandece ao Senhor, e o meu espírito se alegra em Deus, meu Salvador* (Lucas 1:46-47).

Jesus Cristo: o redentor prometido

Jesus Cristo é o ponto culminante do plano de redenção de Deus. Como o *Cordeiro de Deus que tira o pecado do mundo* (João 1:29), Jesus cumpriu todas as profecias e tipos do Antigo Testamento. Sua vida, morte e ressurreição proporcionaram a redenção prometida desde o Jardim do Éden.

O livro de Apocalipse revela Jesus como o Rei dos reis e Senhor dos senhores (Apocalipse 19:16), que retornará para estabelecer Seu reino eterno. A narrativa da redenção, que começou em Gênesis, encontra sua conclusão gloriosa em Cristo: *"Eis que estou fazendo novas todas as coisas!"* (Apocalipse 21:5).

Sacrifício

Jesus morre na cruz pelos pecados da humanidade (João 19:30).

Ressurreição

Cristo ressuscita, vencendo a morte (Mateus 28:6).

Reinado

Jesus reina eternamente como Rei dos reis (Apocalipse 19:16).

Redenção

A obra redentora de Cristo é completa (Apocalipse 21:5).

21

O PROPÓSITO DIVINO NOS SALMOS

Os Salmos, uma coleção de poemas e cânticos do Antigo Testamento, revelam um fascinante plano divino de redenção. Essa jornada espiritual, encapsulada em capítulos e versículos, oferece uma narrativa profunda sobre a relação entre Deus e a humanidade. Ao explorarmos os Salmos, descobriremos uma tapeçaria rica de emoções, súplicas e louvores que refletem o caminho da redenção divina.

A ESTRUTURA DOS SALMOS: UM REFLEXO DA JORNADA ESPIRITUAL

Os 150 Salmos são organizados em cinco livros distintos, espelhando os cinco livros de Moisés. Essa estrutura não é acidental, mas reflete intencionalmente a jornada do povo de Deus por meio da história da salvação. Cada livro representa uma fase diferente nessa jornada, desde o lamento e a angústia até o louvor e a gratidão.

O primeiro livro (Salmos 1-41) estabelece o fundamento, enfocando a lei de Deus e a importância da obediência. O segundo livro (Salmos 42-72) explora temas de exílio e redenção nacional. O terceiro livro (Salmos 73-89) lida com o tema do santuário de Deus e sua presença entre o povo. O quarto livro (Salmos 90-106) celebra o reinado de Deus sobre todas as nações. O quinto e último livro (Salmos 107-150) culmina em uma explosão de louvor e adoração.

A LINGUAGEM DA ALMA: EXPRESSÕES DE FÉ NOS SALMOS

LAMENTO

Os Salmos de lamentação expressam profunda angústia e súplica a Deus em tempos de aflição. Eles demonstram a honestidade crua da fé autêntica.

LOUVOR

Os Salmos de louvor elevam o espírito em adoração, celebrando a grandeza e a bondade de Deus em todas as circunstâncias da vida.

SABEDORIA

Os Salmos de sabedoria oferecem conselhos práticos para uma vida piedosa, refletindo sobre a natureza da verdadeira felicidade e prosperidade espiritual.

Essa diversidade de expressões nos Salmos reflete a complexidade da experiência humana e a profundidade do relacionamento com Deus. Por meio dessas variadas formas de comunicação, os Salmos nos ensinam a abordar Deus com autenticidade em todas as estações da vida.

O MESSIAS NOS SALMOS: PREFIGURAÇÕES DE CRISTO

Uma das características mais fascinantes dos Salmos é a presença de profecias messiânicas. Vários Salmos contêm referências diretas ou indiretas ao futuro Messias, que os cristãos identificam como Jesus Cristo. Esses "Salmos Messiânicos" oferecem vislumbres profundos do plano de redenção de Deus muito antes da vinda de Cristo.

Por exemplo, o Salmo 22 descreve vividamente o sofrimento do Messias, com detalhes que se assemelham notavelmente à crucificação de Jesus. O Salmo 2 falas sobre o Filho ungido de Deus, estabelecendo seu reinado eterno. O Salmo 110 retrata o Messias como sacerdote e rei, uma dualidade cumprida em Jesus Cristo.

A JORNADA DA REDENÇÃO NOS SALMOS

RECONHECIMENTO DO PECADO

Os Salmos frequentemente começam com um reconhecimento profundo da condição pecaminosa humana, como visto no Salmo 51.

ARREPENDIMENTO E SÚPLICA

Muitos Salmos expressam arrependimento sincero e súplicas por perdão, demonstrando a humildade necessária para a redenção.

CONFIANÇA NA MISERICÓRDIA DIVINA

Os salmistas frequentemente expressam confiança inabalável na misericórdia e no amor de Deus, mesmo em meio às dificuldades.

Transformação e renovação

Os Salmos finalmente celebram a transformação espiritual e a renovação que vêm por meio da graça redentora de Deus.

A universalidade da mensagem dos Salmos

Embora escritos no contexto específico da fé israelita, os Salmos possuem uma qualidade universal que transcende tempo e cultura. Eles abordam temas comuns a toda a humanidade: a busca por significado, o desejo de justiça, a luta contra a adversidade e a alegria da comunhão com o divino.

Essa universalidade é evidenciada pela maneira como os Salmos têm sido adotados e adaptados por diversas tradições religiosas ao longo dos séculos. Na tradição cristã, os Salmos são vistos como uma ponte entre o Antigo e o Novo Testamento, prefigurando muitos dos ensinamentos de Jesus e dos apóstolos sobre a graça e a redenção.

Expressão emocional

Os Salmos dão voz a toda gama de emoções humanas, desde a alegria mais profunda até o desespero mais sombrio.

Sabedoria prática

Oferecem orientação para a vida diária, abordando questões de ética, relacionamentos e espiritualidade.

Conforto na adversidade

Proporcionam conforto e esperança em tempos de tribulação, reafirmando a presença constante de Deus.

O papel da adoração na redenção

Os Salmos destacam o papel crucial da adoração no processo de redenção. Por meio do louvor e da adoração, os fiéis não apenas expressam gratidão, mas também se alinham com o propósito divino. A adoração nos Salmos não é apenas uma resposta à redenção, mas parte integrante do processo redentor.

Essa conexão entre adoração e redenção é evidente na estrutura de muitos Salmos, que frequentemente começam com lamento e terminam em louvor. Esse padrão sugere uma transformação espiritual que ocorre por meio do ato de adoração. Ao elevar seus corações em louvor, os salmistas experimentam a renovação da fé a reafirmação do amor e da fidelidade de Deus.

A relevância contemporânea dos Salmos

Na era moderna, os Salmos continuam a ser uma fonte de inspiração, conforto e orientação espiritual para milhões de pessoas ao redor do mundo. Sua linguagem poética e emocionalmente rica ressoa com as experiências humanas universais, oferecendo um meio de expressão para aqueles que lutam para articular seus sentimentos mais profundos

Para os cristãos contemporâneos, os Salmos servem como um guia de oração, um manual de adoração e um lembrete constante do plano redentor de Deus. Eles encorajam uma fé autêntica e vulnerável, permitindo que os crentes se aproximem de Deus com honestidade e confiança. Em um mundo muitas vezes caracterizado por incertezas e mudanças, os Salmos oferecem uma âncora espiritual, reafirmando as verdades eternas do amor, da justiça e da misericórdia de Deus.

Guia de oração

Os Salmos fornecem um modelo para comunicação autêntica com Deus em todas as circunstâncias da vida.

Manual de adoração

Oferecem uma rica variedade de expressões de louvor e adoração para enriquecer a vida espiritual individual e comunitária.

Bússola espiritual

Servem como um guia moral e espiritual, ajudando os fiéis a navegarem pelos desafios da vida moderna.

22

A JORNADA DE ADORAÇÃO: DE SALMOS A APOCALIPSE

O papel transformador da adoração na redenção humana, traçando uma jornada espiritual que começa nos Salmos e culmina no Apocalipse. Por meio dessa adoração progressiva, veremos como a adoração não apenas expressa gratidão, mas também alinha os fiéis com o propósito divino, promovendo uma profunda renovação espiritual e reafirmando o amor e a fidelidade de Deus.

A ESSÊNCIA DA ADORAÇÃO NOS SALMOS

Os Salmos, verdadeiro coração do louvor bíblico, revelam a profundidade e a amplitude da adoração. Neles, encontramos expressões de alegria exuberante, lamentos profundos e reflexões íntimas sobre a natureza de Deus. O Salmo 95:6-7 nos convida: *Venham! Adoremos prostrados e ajoelhemos diante do Senhor, o nosso Criador! Ele é o nosso Deus, e nós somos o povo do seu pastoreio, o rebanho que ele conduz.*

Essa passagem ilustra a postura de humildade e reconhecimento da soberania divina que caracteriza a verdadeira adoração. Os salmistas nos ensinam que adorar é mais do que cantar; é uma entrega completa do ser humano a Deus, reconhecendo Sua grandeza e nossa dependência dele.

EXPRESSÃO DE GRATIDÃO

A adoração nos Salmos frequentemente brota de um coração agradecido, reconhecendo as bênçãos e a bondade de Deus.

CLAMOR POR LIBERTAÇÃO

Em momentos de angústia, a adoração se torna um clamor por intervenção divina, demonstrando confiança na capacidade de Deus de salvar.

Contemplação da natureza divina

Muitos Salmos levam o adorador a meditar sobre os atributos de Deus, aprofundando o conhecimento e a intimidade com o Criador.

Transformação por meio da adoração

A estrutura de muitos Salmos revela um padrão transformador: começam com lamento e terminam em louvor. Esse movimento reflete a jornada espiritual do adorador, que encontra renovação e esperança no ato de adorar. O Salmo 13 é um exemplo perfeito dessa transformação, começando com *Até quando, Senhor? Você vai me esquecer para sempre?* e concluindo com *Cantarei ao Senhor, porque ele tem sido bom para mim.*

Essa mudança de perspectiva não é meramente emocional, mas representa uma profunda reorientação espiritual. Ao voltar-se para Deus em adoração, o fiel experimenta renovação da fé e reafirmação do amor e da fidelidade divina.

Lamento inicial

O adorador expressa sua dor e confusão diante dos desafios da vida.

Reflexão e recordação

Há um momento de pausa para lembrar das obras passadas de Deus e de Sua fidelidade.

Renovação da confiança

O coração do adorador é fortalecido ao reconhecer a soberania e o amor de Deus.

Louvor triunfante

A adoração culmina em uma expressão de louvor e gratidão, mesmo em meio às circunstâncias desafiadoras.

Adoração como parte do processo redentor

A adoração nos Salmos não é apenas uma resposta à redenção, mas parte integrante do processo redentor. Ao adorar, o fiel participa ativamente de sua própria transformação espiritual. O Salmo 51, conhecido como o salmo de arrependimento de Davi, ilustra como a adoração pode ser um caminho para a restauração e a purificação.

Nesse salmo, Davi clama: *Cria em mim um coração puro, ó Deus, e renova dentro de mim um espírito estável* (Salmo 51:10). Este pedido de renovação interior é seguido pela promessa de louvor: *Senhor, abre os meus lábios, e a minha boca anunciará o teu louvor* (Salmo 51:15). Aqui, vemos que a adoração não é apenas o resultado da redenção, mas um meio pelo qual ela é realizada e experimentada.

A adoração nos profetas: preparação para o Messias

Os livros proféticos expandem a visão da adoração apresentada nos Salmos, apontando para uma adoração mais profunda e universal que seria realizada por meio do Messias. Isaías, por exemplo, oferece vislumbres gloriosos de adoração celestial e terrena unificadas. Em Isaías 6, o profeta tem uma visão do trono de Deus, onde serafins proclamam: *Santo, santo, santo é o Senhor dos Exércitos; toda a terra está cheia da sua glória* (Isaías 6:3).

Essa cena de adoração celestial serve como um modelo e inspiração para a adoração terrena, antecipando o dia em que toda a criação se unirá em louvor perfeito. Os profetas também enfatizam a importância de uma adoração que vai além dos rituais externos, focando na transformação do coração e na justiça social como expressões autênticas de devoção a Deus.

Visão celestial

Os profetas oferecem vislumbres da adoração celestial, inspirando os fiéis a elevarem sua adoração.

Coração transformado

Ênfase na sinceridade e na integridade do coração como essenciais para a verdadeira adoração.

Justiça e misericórdia

A adoração autêntica se manifesta por meio de ações de justiça e compaixão com os necessitados.

Adoração encarnada: Jesus como o perfeito adorador

Com a vinda de Jesus, a adoração ganha uma nova dimensão. Cristo não apenas recebe adoração como Deus encarnado, mas também torna-se o modelo perfeito de adorador. Sua vida de obediência e entrega ao Pai é a expressão máxima de adoração. Jesus frequentemente se retirava para orar, demonstrando uma intimidade profunda com o Pai que serve de exemplo para todos os crentes.

Nos Evangelhos, vemos Jesus citando os Salmos em momentos cruciais, como na cruz, onde ele clama: *"Meu Deus, meu Deus, por que me abandonaste?"* (Mateus 27:46, citando o Salmo 22:1). Esse ato não apenas cumpre as Escrituras, mas também demonstra como a adoração, mesmo em forma de lamento, permanece central na missão redentora de Cristo. Por meio de Jesus, a adoração torna-se caminho para uma comunhão restaurada com Deus.

A Igreja primitiva: adoração como testemunho

O livro de Atos e as epístolas do Novo Testamento revelam como a adoração se tornou uma marca distintiva da Igreja primitiva. Os primeiros cristãos continuaram a prática de cantar salmos, mas agora com uma nova compreensão centrada em Cristo. Colossenses 3:16 exorta: *Habite ricamente em vocês a palavra de Cristo; ensinem e aconselhem-se uns aos outros com toda a sabedoria, e cantem salmos, hinos e cânticos espirituais com gratidão a Deus em seus corações.*

A adoração na Igreja primitiva não era apenas um ato de devoção pessoal, mas um poderoso testemunho da obra redentora de Cristo. Por meio de seus louvores e de vidas transformadas, os primeiros cristãos proclamavam a realidade do evangelho, atraindo outros para a fé. A adoração se tornou assim um instrumento de evangelização e edificação mútua na comunidade de fé.

Cânticos espirituais

A música como expressão de louvor e ensino doutrinário na comunidade cristã.

Comunhão

A adoração coletiva fortalecendo os laços entre os crentes e testemunhando ao mundo.

Palavra centrada

O ensino das Escrituras como parte integral da adoração na Igreja primitiva.

Testemunho

A adoração como proclamação viva do evangelho e convite à fé.

O clímax da adoração no Apocalipse

O livro do Apocalipse oferece a visão final e mais gloriosa da adoração na narrativa bíblica. Aqui, vemos a culminação de tudo o que foi iniciado nos

Salmos e desenvolvido por meio da história da redenção. João descreve cenas de adoração celestial que ecoam e amplificam as visões dos profetas. Apocalipse 5:9-10 apresenta um novo cântico: *Tu és digno de receber o livro e de abrir os seus selos, pois foste morto, e com teu sangue compraste para Deus gente de toda tribo, língua, povo e nação. Tu os constituíste reino e sacerdotes para o nosso Deus, e eles reinarão sobre a terra.*

Essa adoração cósmica une céu e terra, anjos e seres humanos redimidos, em um louvor eterno ao Cordeiro. A adoração no Apocalipse não é apenas uma atividade, mas o cumprimento do propósito original da criação. Ela representa a restauração completa da comunhão entre Deus e a humanidade, o triunfo final da obra redentora de Cristo.

Redenção completa

A adoração no Apocalipse celebra a vitória final de Cristo e a redenção de toda a criação.

União cósmica

Céu e terra se unem em um coro de louvor, cumprindo o ideal apresentado nos Salmos.

Adoração eterna

O louvor contínuo diante do trono de Deus representa o destino final e glorioso de todos os redimidos.

Nova criação

A adoração inaugura e sustenta a nova ordem celestial, na qual Deus habita plenamente com seu povo.

23

O PROPÓSITO DIVINO EM CRISTO: DE GÊNESIS A APOCALIPSE

O propósito divino em Cristo, traçando uma jornada desde a criação até a consumação dos tempos. Examinaremos como Deus, por meio de Cristo, planejou, criou e redimiu toda a criação, revelando Seu plano eterno para a humanidade e o cosmos. Essa perspectiva abrangente nos ajudará a compreender melhor o papel central de Cristo em toda a história bíblica e o significado profundo de nossa fé.

O Verbo eterno e a criação

No princípio, antes mesmo da existência do tempo e do espaço como os conhecemos, o Verbo — que é Cristo — já existia em perfeita comunhão com Deus Pai. O Verbo não era apenas uma expressão divina, mas era Deus em essência, compartilhando a natureza divina em sua plenitude. A eternidade de Cristo é um conceito profundo que nos convida a contemplar a vastidão e a grandeza do plano divino.

Quando Deus declarou *"Haja luz"*, foi por meio do Verbo que essa ordem criativa se manifestou. Cada aspecto da criação, desde as galáxias mais distantes até o mais minúsculo átomo, veio à existência pela palavra poderosa de Deus, pronunciada por meio de Cristo. Essa palavra Haja, é uma verdade fundamental que estabelece Cristo não apenas como o agente da criação, mas como o próprio fundamento sobre o qual toda a realidade é construída.

Pré-criação

O Verbo existe em eterna comunhão com o Pai, compartilhando a essência divina.

Ato criativo

Deus fala por meio do Verbo e, com isso, todas as coisas vêm à existência.

Sustentação contínua

Cristo sustenta toda a criação, mantendo-a em existência por Seu poder.

A preeminência de Cristo na criação

Cristo não é apenas o agente da criação, mas também o primogênito sobre toda a criação. O título de primogênito não implica que Ele foi criado, mas sim que Ele tem preeminência e autoridade sobre tudo o que existe. Como a imagem do Deus invisível, Cristo revela a natureza e o caráter de Deus de maneira tangível e compreensível para nós.

A criação, em toda a sua vastidão e complexidade, encontra seu propósito e significado em Cristo. Desde os tronos celestiais até as partículas subatômicas, tudo foi criado por Ele e para Ele. Essa verdade profunda nos lembra que o universo não é um acidente cósmico, mas uma expressão intencional do amor e da sabedoria de Deus, com Cristo no centro de tudo.

Criador

Cristo é o agente ativo na criação de todas as coisas, visíveis e invisíveis.

Sustentador

Ele mantém todas as coisas em existência, garantindo a coesão do universo.

Propósito final

Toda criação encontra seu propósito último em Cristo, para Sua glória e prazer.

A eleição em Cristo antes da fundação do mundo

Antes mesmo da criação do mundo, Deus já havia escolhido os que seriam Seus em Cristo. A eleição divina não é baseada em méritos humanos, mas no amor soberano de Deus. É um mistério profundo que nos convida a contemplar a grandeza da graça divina e a certeza de nossa salvação em Cristo.

A eleição em Cristo não é apenas um decreto abstrato, mas um ato de amor divino que se desdobra na história. Ela revela o plano eterno de Deus de formar para Si um povo que refletisse Sua glória e compartilhasse de Sua natureza divina. Eleição e um conceito que nos assegura que nossa salvação não é um pensamento posterior a Deus, mas parte integrante de Seu plano eterno desde antes da fundação do mundo.

A fé como meio de compreensão da criação

A fé desempenha um papel crucial em nossa compreensão da criação. Enquanto a ciência nos oferece *insights* valiosos sobre os mecanismos do universo, é por meio da fé que entendemos que os mundos foram criados pela palavra de Deus. Essa fé não é cega ou irracional, mas uma confiança fundamentada na revelação de Deus e em Sua fidelidade. *Através da fé entendemos que os mundos foram moldados pela palavra de Deus; de modo que as coisas que são vistas não foram feitas das coisas que aparecem* (Hebreus 11:3).

Ao afirmar que o visível foi feito do invisível, a Escritura nos convida a olhar além do material e reconhecer a realidade espiritual que sustenta toda a criação. Essa perspectiva de fé permite que vejamos o mundo não apenas como um conjunto de fenômenos físicos, mas como uma expressão tangível do poder e da sabedoria de Deus.

Fé iluminadora

A fé nos permite ver além do visível e compreender a origem divina da criação.

Harmonia entre fé e razão

A fé na criação divina não contradiz a investigação científica, mas a complementa e a enriquece.

Revelação da natureza de Deus

A criação, entendida pela fé, revela aspectos do caráter e do poder de Deus.

Cristo como sustentador de todas as coisas

Cristo não apenas criou todas as coisas, mas também as sustenta continuamente. Essa verdade profunda nos lembra que a existência do universo não é autônoma, mas depende constantemente do poder sustentador de Cristo. Cada batida de coração, cada órbita planetária, cada processo celular é mantido pela palavra poderosa de Cristo.

A sustentação de todas as coisas por Cristo também implica em Sua soberania sobre toda a criação. Nada está fora de Seu controle ou conhecimento. Essa verdade nos traz conforto em tempos de incerteza e nos lembra que, mesmo quando o mundo parece caótico, Cristo continua a manter todas as coisas em perfeita ordem segundo o Seu propósito divino.

O propósito final da criação em Cristo

O propósito último de toda a criação é glorificar a Cristo. Desde as mais grandiosas galáxias até as menores partículas subatômicas, tudo foi criado para refletir a glória de Cristo e cumprir Seu propósito eterno. Essa verdade dá um significado profundo a toda a existência e nos lembra que nossas vidas encontram seu verdadeiro propósito quando alinhadas com o plano de Deus em Cristo.

Além disso, a afirmação de que tudo foi criado "para Ele" sugere que Cristo é o destino final de toda a criação. Isto aponta para a consumação dos tempos, quando todas as coisas serão reunidas sob o governo de Cristo e Sua glória será plenamente manifestada em toda a criação redimida.

Criação

Toas as coisas são criadas por Cristo e para Cristo.

Redenção

Cristo reconcilia todas as coisas consigo mesmo por meio de Sua obra na cruz.

Consumação

Todas as coisas são reunidas em Cristo na plenitude dos tempos.

A consumação de todas as coisas em Cristo

O plano eterno de Deus culmina na reunião de todas as coisas em Cristo, tanto nos céus como na terra. Esse ato final de reconciliação cósmica revela o propósito abrangente de Deus para toda a criação. Não é apenas a humanidade que é redimida, mas todo o cosmos é restaurado e renovado em Cristo.

A "dispensação da plenitude dos tempos" aponta para o momento divinamente ordenado quando o propósito de Deus será plenamente realizado. Nesse momento glorioso, toda criação será liberta da corrupção e participará da glória do filho de Deus. Cristo será reconhecido como Senhor de tudo e Seu reino de justiça, paz e amor será estabelecido para sempre. A visão do capítulo 5 do Apocalipse do versículo 1 ate o versículo 14 é uma visão grandiosa que nos inspira a viver com esperança e propósito, antecipando o dia em que veremos a plena manifestação do reinado de Cristo sobre toda a criação.

24

JESUS CRISTO: O EXEMPLO PERFEITO DE REGENTE

Como Jesus Cristo exemplifica a verdadeira essência da mordomia cristã. Por meio de Suas palavras e ações, Jesus nos ensina como devemos administrar sabiamente os recursos, talentos e responsabilidades que Deus nos confiou. Examinaremos passagens bíblicas que ilustram o modelo de mordomia de Jesus e como podemos aplicar esses princípios em nossas próprias vidas como seguidores fiéis de Cristo.

A origem divina da regência

A Regência é um conceito fundamental na fé cristã, enraizado na própria criação. Em Gênesis 2:15, lemos: *O Senhor Deus colocou o homem no jardim do Éden para cuidar dele e cultivá-lo.* Essa passagem estabelece o papel da humanidade como Regência da criação de Deus.

Esse chamado divino para a mordomia não se limita apenas ao cuidado com o ambiente natural. Ele se estende a todos os aspectos de nossas vidas, incluindo nossos relacionamentos, talentos, recursos financeiros e tempo. Como regentes, somos chamados a administrar sabiamente tudo o que Deus nos confiou, reconhecendo que tudo pertence a Ele.

Criação

Deus nos confia o cuidado de Sua criação, incluindo o meio ambiente e os animais.

Recursos

Somos chamados a administrar sabiamente os recursos naturais e financeiros.

Talentos

Devemos usar nossos dons e habilidades para glorificar a Deus e para servir ao próximo.

Tempo

Nosso tempo na Terra é um presente de Deus que deve ser utilizado com sabedoria e propósito.

Jesus e a regência dos recursos materiais

Jesus demonstrou uma profunda compreensão da mordomia dos recursos materiais. Em Lucas 16:1-13, Ele conta a parábola do administrador astuto, enfatizando a importância de usar sabiamente os recursos que nos são confiados. Jesus ensina que devemos ser fiéis no pouco para sermos confiáveis com muito (Lucas 16:10).

Além disso, Cristo frequentemente alertava contra os perigos do materialismo e da ganância. Em Mateus 6:19-21, Ele nos exorta: *"Não acumulem para vocês tesouros na terra, onde a traça e a ferrugem destroem, e onde os ladrões arrombam e furtam. Mas acumulem para vocês tesouros no céu pois onde estiver o seu tesouro, aí também estará o seu coração".*

Ensinamentos de Jesus

Jesus frequentemente usava parábolas para ensinar sobre a mordomia dos recursos materiais, enfatizando a importância de usar a riqueza de forma sábia e generosa.

Prática da generosidade

Jesus incentivava seus seguidores a serem generosos com os necessitados, demonstrando que a verdadeira riqueza está em dar, não em acumular.

A regência do tempo na vida de Jesus

Jesus Cristo demonstrou uma extraordinária regência do tempo durante seu ministério terreno. Embora sua missão fosse imensa, Ele sempre encontrava tempo para o que era verdadeiramente importante. Em Marcos 1:35, vemos que *De madrugada, quando ainda estava escuro, Jesus levantou-se, saiu de casa e foi para um lugar deserto, onde ficou orando.*

Essa passagem revela como Jesus priorizava seu tempo com o Pai, mesmo em meio a um ministério agitado. Ele nos ensina que a regência do tempo não se trata apenas de ser produtivo, mas de dedicar tempo para o que realmente importa: nossa relação com Deus e o serviço aos outros.

Oração matinal

Jesus começava seu dia em comunhão com o Pai, estabelecendo prioridades e buscando direção.

Ensino e cura

Durante o dia, Jesus dedicava tempo para ensinar as multidões e para curar os enfermos, cumprindo Sua missão.

Discipulado

Jesus investia tempo em Seus discípulos, preparando-os para continuar Sua obra após Sua partida.

Retiro e reflexão

Jesus frequentemente se retirava para lugares solitários para orar e se renovar espiritualmente.

Jesus e a regência dos relacionamentos

A vida de Jesus Cristo é um exemplo perfeito de como devemos ser regentes dos relacionamentos que Deus nos confia. Ele demonstrou um cuidado extraordinário com as pessoas ao Seu redor, desde seus discípulos mais próximos até os marginalizados da sociedade

Em João 13:34-35, Jesus diz: *"Um novo mandamento lhes dou: Amem-se uns aos outros. Como eu os amei, vocês devem amar-se uns aos outros. Com isso todos saberão que vocês são meus discípulos, se vocês se amarem uns aos outros"*. Este mandamento resume a essência da Regência dos relacionamentos segundo Jesus.

Amor incondicional

Jesus amava a todos, independentemente de sua posição social ou passado. Ele demonstrou compaixão pelos pecadores, doentes e rejeitados, ensinando-nos a amar sem preconceitos.

Investimento em discipulado

Cristo investiu tempo e energia em Seus discípulos, ensinando-os, corrigindo-os e preparando-os para a missão. Ele nos mostra a importância de cultivar relacionamentos profundos e significativos.

Perdão e reconciliação

Jesus ensinou e praticou o perdão, mesmo diante da traição e negação. Sua atitude na cruz, pedindo perdão para aqueles que O crucificavam, é o exemplo máximo de como devemos buscar a reconciliação em nossos relacionamentos.

A mordomia dos dons e talentos

Jesus não apenas ensinou sobre a mordomia dos dons e talentos, mas também demonstrou como usá-los para a glória de Deus e o benefício dos outros. Em Mateus 25:14-30, Ele conta a parábola dos talentos, enfatizando a responsabilidade que temos de usar e multiplicar os dons que Deus nos deu.

Cristo utilizou seus próprios dons divinos — de cura, ensino e profecia — não para Se exaltar, mas para cumprir a vontade do Pai e servir à humanidade. Em João 5:19, Jesus diz: *"Eu lhes digo que o Filho não pode fazer nada de si mesmo; só pode fazer o que vê o Pai fazer, porque o que o Pai faz o Filho também faz"*.

Dom do ensino

Jesus usou seu dom de ensino para revelar verdades espirituais profundas de maneira acessível a todos, por meio de parábolas e exemplos práticos.

Dom de cura

Cristo exerceu Seu poder de cura não apenas para aliviar o sofrimento físico, mas também para demonstrar o amor e a compaixão de Deus.

Dom de profecia

Jesus utilizou Seu conhecimento profético para preparar Seus seguidores para os eventos futuros e para revelar o plano de salvação de Deus.

Dom de liderança

Como líder, Jesus inspirou e capacitou outros a continuarem Sua missão, demonstrando um modelo de liderança servidora.

A MORDOMIA DA MISSÃO DIVINA

A vida de Jesus é o exemplo supremo de mordomia da missão divina. Ele veio ao mundo com um propósito claro e dedicou toda a Sua vida terrena para cumpri-lo. Em João 6:38, Jesus declara: *"Pois desci do céu, não para fazer a minha vontade, mas para fazer a vontade daquele que me enviou"*.

Cristo demonstrou uma fidelidade inabalável à Sua missão, mesmo diante de grandes desafios e sofrimentos. No Jardim do Getsêmani, momentos antes de Sua crucificação, Jesus orou: *"Meu Pai, se for possível, afasta de mim este cálice; contudo, não seja como eu quero, mas sim como tu queres"* (Mateus 26:39). Essa oração revela a submissão total de Jesus à vontade do Pai, o ápice da mordomia da missão divina.

COMPREENSÃO DA MISSÃO

Jesus tinha uma clara compreensão de Sua missão desde jovem, como visto em Lucas 2:49: *"Não sabiam que eu devia estar na casa de meu Pai?"*.

DEDICAÇÃO À MISSÃO

Durante Seu ministério, Jesus focou-se inteiramente em cumprir Sua missão, resistindo a distrações e tentações (Mateus 4:1-11).

CUMPRIMENTO DA MISSÃO

Na cruz, Jesus declarou: *"Está consumado"* (João 19:30), indicando o cumprimento perfeito de Sua missão de salvação.

COMISSIONAMENTO DOS DISCÍPULOS

Antes de ascender ao céu, Jesus comissionou seus seguidores a continuarem Sua missão (Mateus 28:19-20).

APLICANDO O MODELO DE REGÊNCIA DE JESUS EM NOSSAS VIDAS

Como seguidores de Cristo, somos chamados a refletir Seu exemplo de Regência em nossas próprias vidas. Isso implica em uma gestão sábia e fiel de tudo o que Deus nos confiou: nossos recursos, tempo, relacionamentos, talentos e a missão que Ele nos deu.

Para aplicar o modelo de Regente de Jesus, devemos primeiro reconhecer que tudo o que temos vem de Deus e pertence a Ele. Em seguida, precisamos buscar a orientação divina por meio da oração e do estudo da Palavra, para entender como melhor utilizar esses recursos para a glória de Deus e para o bem dos outros.

Que possamos, como Jesus, dizer ao final de nossas vidas: *Eu te glorifiquei na terra, completando a obra que me deste para fazer* (João 17:4). Que nossa mordomia seja um testemunho vivo do amor e da graça de Deus, inspirando outros a também se tornarem fiéis regentes do Reino.

25

A CRIAÇÃO DIVINA E O PROPÓSITO ETERNO DE DEUS

A profunda narrativa bíblica da criação, destacando o papel central de Deus e de Cristo no ato criativo e no propósito eterno do universo. Examinaremos versículos-chave que revelam a natureza eterna de Deus, Seu plano preexistente, e como todas as coisas foram criadas por Ele e para Ele, culminando na reconciliação final de todas as coisas em Cristo.

O princípio da criação

O livro de Gênesis abre com a majestosa declaração: *No princípio, Deus criou os céus e a terra*. Essa afirmação fundamental estabelece Deus como o Criador supremo, o arquiteto do universo. Ela nos convida a contemplar um momento além do tempo, quando apenas Deus existia e, por Sua vontade soberana, trouxe à existência tudo o que conhecemos.

Esse ato criativo não foi um mero arranjo de matéria preexistente, mas uma criação ex nihilo — do nada. Deus falou e o universo veio à existência, demonstrando Seu poder incomparável e Sua autoridade sobre toda a criação. Esse versículo estabelece o fundamento para toda a narrativa bíblica, revelando um Deus pessoal e intencional, cuja obra criativa é o ponto de partida para o relacionamento entre o Criador e Sua criação.

Eternidade passada

Deus existe em perfeita comunhão trinitária.

O momento da criação

Deus cria os céus e a terra do nada.

Desdobramento da criação

Deus forma e preenche o universo ao longo de seis dias.

Culminação da criação

Criação da humanidade à imagem de Deus.

O Verbo eterno

O Evangelho de João nos leva a uma perspectiva ainda mais profunda da criação, declarando: *No princípio era o Verbo, e o Verbo estava com Deus, e o Verbo era Deus. Ele estava no princípio com Deus.* Aqui, João nos apresenta o conceito do Logos — o Verbo — que é identificado como Jesus Cristo.

Essa passagem revela a natureza eterna e divina de Cristo, enfatizando Sua preexistência e Sua unidade essencial com Deus Pai. O Verbo não é uma criação, mas é coeterno com Deus, compartilhando a mesma essência divina. Essa revelação profunda nos mostra que a criação não foi um ato solitário de Deus Pai, mas uma obra conjunta da Trindade, com o Filho desempenhando um papel integral desde o "princípio".

Eternidade do Verbo

O Verbo existe desde sempre, sem início nem fim, coeterno com Deus Pai.

Comunhão divina

O Verbo estava "com Deus", indicando uma relação íntima e eterna dentro da Trindade.

Divindade do Verbo

O Verbo "era Deus", afirmando inequivocamente a natureza divina de Cristo.

Cristo como agente da criação

João continua sua revelação afirmando: *Todas as coisas foram feitas por ele, e sem ele nada do que foi feito se fez.* Essa declaração poderosa estabelece Cristo não apenas como preexistente, mas como o agente ativo na criação de todas as coisas. Ela ecoa o que Paulo escreve em Colossenses, onde afirma que em Cristo *foram criadas todas as coisas nos céus e na terra, as visíveis e as invisíveis.*

Essa verdade profunda nos leva a entender que toda a criação — desde as partículas subatômicas até as galáxias mais distantes — tem sua origem e sustentação em Cristo. *Nada existe que não tenha sido feito por Ele* (João 1:3). Isso não apenas exalta o papel de Cristo na criação, mas também estabelece Sua autoridade sobre toda a criação, pois tudo foi feito não apenas por Ele, mas também para Ele.

A eleição eterna em Cristo

Paulo, em sua carta aos Efésios, nos leva a um nível ainda mais profundo de compreensão do plano eterno de Deus quando declara: *Bendito seja Deus, Pai de nosso Senhor Jesus Cristo, que do alto do céu nos abençoou com toda a bênção espiritual em Cristo, e nos elegeu nele antes da criação do mundo.* Essa afirmação revela que o plano de salvação de Deus não foi uma reflexão tardia ou uma reação ao pecado humano, mas um propósito eterno estabelecido antes mesmo da fundação do mundo.

A eleição em Cristo antes da criação do mundo demonstra o amor preexistente de Deus por Sua criação e Seu desejo de ter um relacionamento íntimo com a humanidade. Isso nos mostra que a redenção não é apenas um reparo do que deu errado, mas a realização de um plano divino eterno de amor e graça.

Eleição eterna

Deus nos escolheu em Cristo antes da fundação do mundo, demonstrando Seu amor eterno e soberano.

Em Cristo

Nossa eleição está fundamentada em Cristo, enfatizando a centralidade de Jesus no plano de salvação de Deus.

Bênçãos espirituais

Deus nos abençoou com toda bênção espiritual em Cristo, indicando a plenitude da graça divina disponível para os eleitos.

Propósito eterno

A eleição revela o propósito eterno de Deus de ter um povo para Si, escolhido por amor e para Sua glória.

A FÉ NA CRIAÇÃO DIVINA

O autor de Hebreus nos oferece uma perspectiva única sobre a criação quando afirma: *Pela fé entendemos que os mundos pela palavra de Deus foram criados; de maneira que aquilo que se vê não foi feito do que é aparente.* Essa declaração profunda une fé e compreensão, revelando que nossa aceitação da criação divina não é um salto cego no escuro, mas uma compreensão iluminada pela fé.

Esse versículo nos lembra que a criação ex nihilo — do nada — é um conceito que transcende nossa compreensão natural. O mundo visível não foi formado a partir de materiais preexistentes, mas veio à existência pelo poder da palavra de Deus. Isso destaca não apenas o poder criativo de Deus, mas também a natureza sobrenatural da criação, que só pode ser verdadeiramente compreendida por meio da lente da fé.

REVELAÇÃO DIVINA

Deus revela a verdade sobre a criação por meio de Sua Palavra.

ILUMINAÇÃO DO ESPÍRITO

O Espírito Santo ilumina nossa mente para compreender a revelação de Deus.

FÉ ATIVA

Exercitamos nossa fé, aceitando e confiando na revelação de Deus.

COMPREENSÃO ILUMINADA

Alcançamos uma compreensão mais profunda da criação divina.

CRISTO: A IMAGEM DO DEUS INVISÍVEL

Paulo, em sua carta aos Colossenses, nos apresenta uma das descrições mais profundas de Cristo em relação à criação:

> *Ele é a imagem do Deus invisível, o primogênito sobre toda a criação; porquanto nele foram criadas todas as coisas nos céus e na terra, as visíveis e as invisíveis, sejam tronos ou dominações, sejam governos ou poderes, tudo foi criado por Ele e para Ele. Ele existe antes de tudo o que há, e nele todas as coisas subsistem.*

Essa passagem revela Cristo não apenas como o agente da criação, mas como a própria imagem de Deus invisível. Ele é o primogênito, não no sentido de ser criado, mas de ter preeminência sobre toda a criação. Tudo foi criado por Ele e para Ele, abrangendo não apenas o mundo físico, mas também as realidades espirituais invisíveis. Além disso, Cristo é apresentado como o sustentador de todas as coisas, mantendo o universo em existência contínua.

Preeminência

Cristo tem o primeiro lugar e supremacia sobre toda a criação.

Criador

Todas as coisas, visíveis e invisíveis, foram criadas por Cristo.

Propósito

A criação existe não apenas por Cristo, mas para Cristo e Sua glória.

Sustentador

Cristo mantém todas as coisas em existência contínua.

A reconciliação final em Cristo

Paulo, em Efésios, nos dá uma visão gloriosa do propósito final de Deus para a criação: *De tornar a congregar em Cristo todas as coisas, na dispensação da plenitude dos tempos, tanto as que estão nos céus como as que estão na terra.* Essa declaração poderosa revela o plano cósmico de Deus para reconciliar e unificar toda a criação em Cristo.

Esse versículo nos mostra que o propósito da criação não termina com o ato inicial de criar, nem mesmo com a redenção da humanidade. O plano eterno de Deus culmina na reunificação de todas as coisas, celestiais e terrestres, sob o senhorio de Cristo. Isso implica uma restauração cósmica, em que toda a criação será libertada da corrupção e trazida de volta à harmonia perfeita com seu Criador. Essa visão gloriosa nos dá esperança e propósito, sabendo que toda a história está se movendo em direção a esse grande clímax em Cristo.

26

GRATIDÃO A DEUS: DA CRIAÇÃO À NOVA JERUSALÉM

Nesta jornada de fé, exploraremos as múltiplas razões pelas quais devemos ser gratos a Deus. Desde a maravilhosa obra da criação até a promessa da vida eterna na Nova Jerusalém, refletiremos sobre a grandeza do amor divino, nossa eleição em Cristo, a dádiva da salvação e o processo de restauração. Que essa meditação nos inspire a uma gratidão mais profunda e uma fé mais vibrante.

A obra da criação: um testemunho da glória de Deus

A narrativa bíblica da criação, descrita em Gênesis 1 e 2, nos apresenta um Deus criador, poderoso e amoroso. Em seis dias, Ele formou os céus e a terra, preenchendo-os com vida e beleza. Cada aspecto da criação revela a sabedoria e o cuidado divinos.

O salmista, maravilhado com essa obra, exclama: *Os céus proclamam a glória de Deus, e o firmamento anuncia as obras das suas mãos"* (Salmo 19:1). A gratidão pela criação nos lembra de nossa responsabilidade como mordomos deste mundo maravilhoso que Deus nos confiou.

Dia 1-2: Deus cria a luz, separa as águas e forma o céu (Gênesis 1:3-8).

Dia 3-4: surgem a terra seca, a vegetação, o sol, a lua e as estrelas (Gênesis 1:9-19).

Dia 5-6: Deus cria os animais aquáticos, as aves, os animais terrestres e, por fim, o ser humano (Gênesis 1:20-31).

Eleitos em Cristo: uma escolha eterna

A doutrina da eleição, apresentada pelo apóstolo Paulo em Efésios 1:4-5, nos enche de gratidão e admiração: *Porque Deus nos escolheu nele antes da fundação do mundo, para sermos santos e irrepreensíveis perante ele; e em amor nos predestinou para ele, para a adoção de filhos, por meio de Jesus Cristo, segundo o beneplácito de sua vontade.*

Essa verdade profunda nos lembra que o amor de Deus por nós precede a própria criação. Não fomos escolhidos por nossos méritos, mas pela graça divina. Tal conhecimento deve nos levar a uma vida de louvor e adoração, reconhecendo a imensidão do amor que nos elegeu em Cristo.

Escolha eterna

Deus nos escolheu antes da fundação do mundo (Ef 1:4).

Propósito santo

Fomos escolhidos para sermos santos e irrepreensíveis (Ef 1:4).

Adoção divina

Predestinados para a adoção como filhos por meio de Jesus Cristo (Ef 1:5).

Graça abundante

Tudo segundo o beneplácito da vontade de Deus (Ef 1:5).

A dádiva da salvação: o ápice do amor divino

A salvação é o coração do evangelho e a maior expressão do amor de Deus por nós. João 3:16 proclama: *Porque Deus amou o mundo de tal maneira que deu o seu Filho unigênito, para que todo aquele que nele crê não pereça, mas tenha a vida eterna.* Este ato sacrificial de Jesus na cruz do Calvário nos reconciliou com Deus, pagando o preço pelos nossos pecados.

Paulo, em Romanos 5:8, enfatiza a magnitude desse amor: *Mas Deus prova o seu próprio amor para conosco pelo fato de ter Cristo morrido por nós, sendo nós ainda pecadores.* A gratidão por essa salvação imerecida deve nos motivar a viver vidas transformadas, dedicadas a Deus e ao serviço ao próximo.

O processo de restauração: renovação contínua

A obra redentora de Deus não termina com nossa salvação inicial. Ele está continuamente nos restaurando à Sua imagem, um processo descrito em 2 Coríntios 3:18: *E todos nós, com o rosto desvendado, contemplando, como por espelho, a glória do Senhor, somos transformados, de glória em glória, na sua própria imagem, como pelo Senhor, o Espírito.*

Essa restauração abrange todas as áreas de nossas vidas: espiritual, emocional e até física. Como Paulo exorta em Romanos 12:2: *E não vos conformeis com este século, mas transformai-vos pela renovação da vossa mente, para que experimenteis qual seja a boa, agradável e perfeita vontade de Deus.* Devemos ser gratos por esse processo contínuo de santificação, reconhecendo que é Deus quem opera em nós tanto o querer quanto o realizar (Filipenses 2:13).

Salvação

Início da nova vida em Cristo (2 Cor 5:17).

Santificação

Processo contínuo de transformação (Rom 12:2).

Glorificação

Restauração completa na eternidade (Rom 8:30).

O privilégio da comunhão eterna

A promessa de morar para sempre com Deus na Nova Jerusalém é o ápice de nossa esperança cristã. Apocalipse 21:3 nos dá um vislumbre dessa realidade gloriosa: *Então, ouvi grande voz vinda do trono, dizendo: Eis o tabernáculo de Deus com os homens. Deus habitará com eles. Eles serão povos de Deus, e Deus mesmo estará com eles.*

Essa comunhão eterna com Deus é o cumprimento do propósito original da criação. Em 1 Coríntios 13:12, Paulo descreve: *Porque, agora, vemos como em espelho, obscuramente; então, veremos face a face. Agora, conheço em parte; então, conhecerei como também sou conhecido.* Que gratidão devemos ter por esse futuro glorioso que nos aguarda!

Expressando nossa gratidão

Diante de todas essas bênçãos, como devemos expressar nossa gratidão a Deus? O salmista nos dá uma direção em Salmo 100:4-5: *Entrai por suas portas com ações de graças e nos seus átrios, com hinos de louvor; rendei-lhe graças e bendizei-lhe o nome. Porque o Senhor é bom, a sua misericórdia dura para sempre, e, de geração em geração, a sua fidelidade.*

Nossa gratidão deve se manifestar não apenas em palavras, mas em ações. Como Paulo exorta em Colossenses 3:17: *E tudo o que fizerdes, seja em palavra, seja em ação, fazei-o em nome do Senhor Jesus, dando por ele graças a Deus Pai.* Que nossa vida inteira seja um testemunho de gratidão ao Deus que nos amou, nos escolheu e nos redimiu.

Louvor

Expressando gratidão por meio de adoração e cânticos.

Serviço

Demonstrando gratidão por meio do serviço a Deus e ao próximo.

Obediência

Vivendo em conformidade com a vontade de Deus.

Testemunho

Compartilhando com outros as boas novas do evangelho.

Conclusão: uma vida de gratidão contínua

Ao refletirmos sobre a obra da criação, nossa eleição em Cristo, a dádiva da salvação, o processo de restauração e a promessa da vida eterna na Nova Jerusalém, somos chamados a uma vida de gratidão contínua. Como Paulo nos lembra em 1 Tessalonicenses 5:18: *Em tudo, daí graças, porque esta é a vontade de Deus em Cristo Jesus para convosco.*

Que possamos cultivar um coração grato, reconhecendo diariamente as bênçãos de Deus em nossas vidas. Que nossa gratidão nos leve a uma fé mais profunda, um amor mais ardente e um testemunho mais vibrante do evangelho de Jesus Cristo. Assim, viveremos verdadeiramente como aqueles que foram escolhidos, redimidos e destinados para a glória eterna com nosso Criador e Salvador.

Portanto, quer comais, quer bebais ou façais outra coisa qualquer, fazei tudo para a glória de Deus (1 Coríntios 10:31).

27

A GERAÇÃO DO REINO: O PLANO DE DEUS PARA AS NAÇÕES

A partir de agora veremos O fascinante plano de Deus para Sua criação, focando na preparação do Reino desde a fundação do mundo e seu alcance global. Analisaremos passagens bíblicas relevantes, especialmente de Mateus e Isaías, para compreender como Deus pretende reunir todas as nações sob Seu domínio e oferecer salvação a toda a humanidade.

O REINO PREPARADO DESDE A FUNDAÇÃO DO MUNDO

O conceito do Reino de Deus preparado desde a fundação do mundo é uma revelação profunda encontrada em Mateus 25:34 que nos nos oferece uma perspectiva eterna do plano divino, mostrando que a intenção de Deus para a humanidade não foi uma decisão de última hora, mas sim um propósito eterno.

A ideia de um reino "preparado" sugere um cuidadoso planejamento e uma intenção deliberada por parte de Deus. Isso nos leva a refletir sobre a natureza previsora e amorosa de nosso Criador, que desde o início dos tempos já havia estabelecido um lugar para Seus filhos.

CRIAÇÃO

Deus estabelece seu plano para o Reino antes mesmo da criação do mundo.

HISTÓRIA HUMANA

Ao longo da história, Deus trabalha para preparar a humanidade para o Reino.

VINDA DE CRISTO

Jesus anuncia a chegada do Reino e convida todos a participarem.

Consumação

O Reino é plenamente estabelecido, cumprindo o plano eterno de Deus.

A reunião das nações

Mateus 25:32 nos apresenta uma cena impressionante: todas as nações reunidas diante do Rei. Essa imagem poderosa ilustra a universalidade do plano de Deus. Não se trata apenas de indivíduos ou de um povo escolhido, mas de toda a humanidade em sua diversidade.

A metáfora do pastor separando ovelhas e bodes é rica em significado. Assim como um pastor conhece intimamente seu rebanho, Deus conhece cada nação e cada indivíduo. Essa separação não é arbitrária, mas baseada no conhecimento profundo que Deus tem de cada um.

A reunião das nações também nos lembra da responsabilidade que temos como seguidores de Cristo. Somos chamados a ser luz para todas as nações, preparando o caminho para o grande encontro com o Rei.

O plano global de Deus

O contexto bíblico revela claramente que o plano de Deus é global e abrange todas as nações. Essa verdade é evidente em diversas passagens, incluindo o Salmo 2:8, no qual Deus promete dar as nações como herança ao Seu Filho.

Esse plano global desafia nossa compreensão limitada e nos convida a expandir nossa visão. Deus não está interessado apenas em um grupo seleto, mas em toda a humanidade. Seu amor e Sua graça se estendem aos confins da terra.

Universalidade

O plano de Deus abrange todas as culturas, línguas e povos, demonstrando Seu amor universal.

Inclusividade

Ninguém está excluído do convite divino para fazer parte do Reino, refletindo a graça abrangente de Deus.

Propósito

Cada nação tem um papel único no plano divino, contribuindo para a riqueza e diversidade do Reino.

A herança das nações

O Salmo 2:8 apresenta um diálogo fascinante entre Deus Pai e Seu Filho. Nesse versículo, vemos Deus oferecendo as nações como herança e os confins da terra como possessão. Essa promessa revela o escopo grandioso do plano divino e o papel central de Cristo nele.

A ideia de herança implica em direito legítimo e responsabilidade. Cristo, como herdeiro das nações, não apenas tem autoridade sobre elas, mas também um compromisso profundo com seu bem-estar e redenção. Isso nos lembra que o domínio de Cristo sobre as nações não é opressivo, mas libertador e restaurador.

Autoridade de Cristo

Como herdeiro das nações, Jesus tem autoridade legítima sobre todos os povos e culturas.

Responsabilidade divina

A herança implica em um cuidado amoroso e um compromisso de Cristo com o bem-estar de todas as nações.

Missão global

Essa promessa fundamenta a missão da Igreja de levar o Evangelho a todas as nações, participando do plano divino.

Esperança universal

A oferta das nações como herança a Cristo é uma fonte de esperança para toda a humanidade.

A profecia de Isaías

A profecia de Isaías 52:10 apresenta uma imagem poderosa da revelação de Deus às nações. A metáfora do Senhor "desnudando Seu santo Braço" evoca a ideia de Deus revelando Seu poder e Sua santidade de maneira inconfundível e irresistível.

Essa profecia destaca dois aspectos cruciais do plano de Deus: Sua manifestação universal e Sua salvação abrangente. A frase "perante os olhos de todas as nações" enfatiza que não haverá um canto da terra onde a glória de Deus não será vista. Além disso, "todos os confins da terra" verão a salvação divina, indicando que a oferta de redenção de Deus é verdadeiramente global.

Essa profecia nos inspira a olhar além de nossas fronteiras e a reconhecer o desejo de Deus de se revelar a todos os povos. Ela nos desafia a sermos instrumentos dessa revelação, participando ativamente na missão de Deus de levar Sua salvação aos confins da terra.

A natureza eterna do Reino

A afirmação de que o Reino está preparado *desde a fundação do mundo* (Mateus 25:34) nos revela a natureza eterna do plano de Deus. Isso significa que o Reino não é uma solução de última hora para os problemas da humanidade, mas sim o propósito original e eterno de Deus para Sua criação.

Essa eternidade do Reino nos oferece uma perspectiva profunda sobre nossa própria existência e propósito. Somos parte de um plano divino que transcende o tempo e o espaço, um plano que estava na mente de Deus antes mesmo da criação do universo.

Planejamento eterno

O Reino é concebido na mente de Deus antes da criação, refletindo Seu amor e propósito eternos.

Preparação histórica

Ao longo da história, Deus trabalha para preparar a humanidade para a realização plena do Reino.

Manifestação presente

O Reino se manifesta parcialmente no presente por meio da Igreja e da obra do Espírito Santo.

Consumação futura

O Reino será plenamente estabelecido no futuro, cumprindo o plano eterno de Deus.

Nossa resposta ao plano de Deus

Diante da grandiosidade do plano de Deus para as nações e da natureza eterna de Seu Reino, somos chamados a responder com fé, obediência e ação. Nossa resposta deve refletir a compreensão de que fazemos parte de um propósito divino que abrange toda a criação.

Primeiramente, somos convidados a abraçar nossa identidade como *benditos do Pai* (Mateus 25:34). Isso implica em viver em gratidão pela graça de Deus e em conformidade com Sua vontade. Em segundo lugar, somos chamados a participar ativamente na missão de Deus, levando as boas novas do Reino a todas as nações.

Gratidão

Reconhecer e agradecer pelo privilégio de fazer parte do plano eterno de Deus.

Obediência

Viver em conformidade com os valores do Reino, refletindo o caráter de Cristo em nossas vidas.

Missão

Participar ativamente na propagação do Evangelho a todas as nações, cumprindo o chamado de Deus.

Esperança

Viver com a expectativa da plena realização do Reino, mantendo os olhos fixos na promessa de Deus.

Que possamos, portanto, viver como cidadãos do Reino eterno de Deus, sempre conscientes de nosso papel no grandioso plano divino para todas as nações.

28

A VISÃO DE NABUCODONOSOR E O REINO ETERNO DE DEUS

O livro de Daniel revela como Deus usa visões e interpretações para demonstrar Seu controle sobre a história e Seu plano para estabelecer um reino eterno. A visão da estátua de Nabucodonosor e sua interpretação por Daniel ilustram a soberania divina sobre os reinos terrenos e a promessa do vindouro Reino de Deus, que será estabelecido por meio de Cristo.

O sonho de Nabucodonosor: uma visão divina

No livro de Daniel, capítulo 2, encontramos o relato de um sonho perturbador que o rei Nabucodonosor teve. Esse sonho não era um simples produto da imaginação do rei, mas uma revelação divina sobre o futuro da história mundial. O versículo 28 nos diz: *Mas há um Deus no céu, o qual revela os mistérios; ele, pois, fez saber ao rei Nabucodonosor o que há de acontecer nos últimos dias.*

Essa visão demonstra que Deus está no controle não apenas do presente, mas também do futuro. Ele escolheu revelar seus planos por meio de um rei pagão, mostrando que sua soberania se estende além das fronteiras de Israel. A incapacidade dos sábios da Babilônia de interpretar o sonho ressalta ainda mais a supremacia do Deus de Daniel.

Daniel: o intérprete escolhido por Deus

Daniel, um jovem hebreu exilado, é introduzido na presença do rei para interpretar o sonho. Sua capacidade de revelar e interpretar o sonho não vem de sua própria sabedoria, mas é um dom de Deus. Em Daniel 2:20-21, vemos a oração de gratidão de Daniel: *Seja bendito o nome de Deus para todo o sempre, porque dele é a sabedoria e o poder. Ele muda os tempos e as estações; remove reis e estabelece reis; ele dá sabedoria aos sábios e conhecimento aos entendidos.*

A interpretação de Daniel não apenas salva sua vida e a dos outros sábios, mas também estabelece sua reputação na corte babilônica. Mais importante ainda, ela serve como um testemunho do poder e da soberania do Deus de Israel sobre todos os reinos terrenos.

Revelação do Sonho

Deus revela o sonho a Nabucodonosor, que o esquece e exige sua interpretação (Daniel 2:1-13).

Oração de Daniel

Daniel e seus companheiros oram a Deus por sabedoria (Daniel 2:14-18).

Revelação a Daniel

Deus revela o sonho e sua interpretação a Daniel (Daniel 2:19).

Interpretação ao Rei

Daniel interpreta o sonho para Nabucodonosor (Daniel 2:24-45).

A Estátua e os Reinos Mundiais

A visão da estátua representa uma sucessão de reinos mundiais. A cabeça de ouro simboliza o próprio império babilônico de Nabucodonosor. O peito e os braços de prata representam o império medo-persa que o sucederia. O ventre e os quadris de bronze simbolizam o império grego de Alexandre, o Grande. As pernas de ferro representam o império romano, conhecido por sua força e durabilidade.

Essa progressão de reinos demonstra que Deus tem um plano para a história humana. Cada reino é poderoso em seu tempo, mas todos são temporários e fadados a cair. A transição de metais preciosos para metais menos valiosos pode simbolizar a degeneração moral e espiritual desses impérios ao longo do tempo.

Reino Babilônico

Representado pela cabeça de ouro, simbolizando riqueza e poder.

Império Medo-Persa

Simbolizado pelo peito e braços de prata, conhecido por sua extensão territorial.

Império Grego

Representado pelo ventre e quadris de bronze, refletindo sua cultura e conquistas.

A PEDRA QUE SE TORNA UMA GRANDE MONTANHA

O elemento mais intrigante da visão é a pedra "cortada sem auxílio de mãos" que destrói a estátua e cresce até se tornar uma grande montanha que enche toda a terra. Essa pedra representa o Reino de Deus, que Daniel interpreta em 2:44: *Mas, nos dias desses reis, o Deus do céu levantará um reino que não será jamais destruído; e este reino não passará a outro povo; esmiuçará e consumirá todos esses reinos, mas ele mesmo subsistirá para sempre.*

Essa profecia aponta para o estabelecimento do Reino de Deus por meio de Jesus Cristo. A pedra cortada sem mãos humanas simboliza a origem divina desse reino, não construído por esforço humano. A destruição da estátua indica que o Reino de Deus superará todos os reinos terrenos, estabelecendo um domínio eterno e universal.

O CUMPRIMENTO EM CRISTO E A IGREJA

O Novo Testamento revela o cumprimento desta profecia em Jesus Cristo. João Batista anuncia: *Arrependei-vos, porque é chegado o Reino dos céus* (Mateus 3:2). Jesus inicia seu ministério com a mesma mensagem (Mateus 4:17), indicando que o Reino profetizado por Daniel estava se manifestando.

A Igreja, corpo de Cristo, torna-se a manifestação visível desse Reino na terra. Paulo escreve em Colossenses 1:13 que Deus *nos tirou do poder das trevas e nos transportou para o Reino do seu Filho amado.* Os crentes em Cristo são cidadãos desse Reino eterno, chamados a viver segundo seus princípios e valores, mesmo enquanto ainda vivem em meio aos reinos deste mundo.

PROFECIA DE DANIEL

A visão da pedra que se torna uma montanha (Daniel 2:44-45).

ANÚNCIO DE JOÃO BATISTA

É chegado o Reino dos céus (Mateus 3:2).

MINISTÉRIO DE JESUS

Inauguração do Reino de Deus (Marcos 1:15).

ESTABELECIMENTO DA IGREJA

Manifestação visível do Reino (Atos 2).

A NATUREZA DO REINO DE DEUS

Jesus ensinou extensivamente sobre a natureza do Reino de Deus. Em João 3:3, Ele declara: *"Em verdade, em verdade te digo que aquele que não nascer de novo não pode ver o Reino de Deus"*. Isso indica que o Reino não é meramente uma realidade política ou social, mas uma transformação espiritual profunda.

O Reino de Deus é caracterizado por justiça, paz e alegria no Espírito Santo (Romanos 14:17). Ele opera de maneira paradoxal aos reinos deste mundo: os humildes são exaltados, os últimos são os primeiros e o poder se manifesta por meio do serviço e do amor sacrificial. Os cidadãos desse Reino são chamados a viver segundo esses valores, sendo sal e luz no mundo (Mateus 5:13-16).

TRANSFORMAÇÃO INTERIOR

O Reino exige um novo nascimento espiritual (João 3:3).

VALORES INVERTIDOS

Os humildes são exaltados, os últimos são os primeiros (Mateus 20:16).

MANIFESTAÇÃO GRADUAL

Cresce como um grão de mostarda (Mateus 13:31-32).

IMPACTO UNIVERSAL

Destinado a encher toda a terra (Daniel 2:35).

A ESPERANÇA FUTURA E O REINO ETERNO

Embora o Reino de Deus já esteja presente em forma espiritual por meio da Igreja, há uma dimensão futura que ainda aguardamos. Jesus ensinou seus discípulos a orar: *"Venha o teu Reino"* (Mateus 6:10), indicando que há um aspecto do Reino que ainda está por vir em sua plenitude.

A promessa final do Reino é expressa nas palavras de Jesus em Mateus 25:34: *"Vinde, benditos de meu Pai! Recebei como herança o Reino que vos está preparado desde a fundação do mundo"*. Este é o cumprimento final da visão de Daniel, onde o Reino de Deus se estabelece completamente, destruindo todo mal e injustiça e trazendo a restauração plena de toda a criação sob o governo perfeito de Deus.

Como crentes, somos chamados a viver na tensão entre o "já" e o "ainda não" do Reino, testemunhando seu poder transformador em nossas vidas e ansiando por sua manifestação plena na volta de Cristo.

29

A MISSÃO DOS DISCÍPULOS E A EXPANSÃO DO REINO DE DEUS

Exploraremos a missão dos discípulos de Cristo e a expansão do Reino de Deus por meio das gerações. Partindo da criação até os dias atuais, analisaremos o chamado divino para sermos uma geração eleita, um sacerdócio real e uma nação santa. Examinaremos como a promessa feita a Abraão se cumpre por meio da obra de Jesus e da missão da Igreja, culminando na visão gloriosa do Apocalipse.

A geração eleita: um chamado divino

O apóstolo Pedro nos lembra em 1 Pedro 2:9 que somos *a geração eleita, o sacerdócio real, a nação santa, o povo adquirido"*. Este chamado não é apenas um título, mas uma responsabilidade sagrada. Somos escolhidos para anunciar as virtudes daquele que nos chamou das trevas para a Sua maravilhosa luz.

Esse chamado ecoa por meio das eras, desde a criação até os dias de hoje. Cada geração de crentes tem sido convocada a buscar a face do Deus de Jacó, como nos lembra o Salmo 24:6. Essa busca não é passiva, mas ativa e intencional, refletindo o desejo ardente de conhecer e revelar o caráter de Deus ao mundo.

Escolhidos

Eleitos por Deus para um propósito especial na história da redenção.

Sacerdotes

Chamados para mediar entre Deus e o mundo, oferecendo adoração e intercessão.

Santos

Separados para Deus, vivendo vidas de pureza e dedicação.

Adquiridos

Comprados pelo precioso sangue de Cristo, pertencemos exclusivamente a Deus.

A continuidade das gerações na história da redenção

O livro de Eclesiastes nos lembra que *uma geração vai, e outra geração vem; mas a terra para sempre permanece* (Eclesiastes 1:4). Essa verdade ressalta a importância de cada geração na história da redenção. Embora as pessoas mudem, o propósito de Deus permanece constante.

O Salmo 100:5 declara: *Porque o Senhor é bom, e eterna a sua misericórdia; e a sua verdade dura de geração em geração.* Essa passagem sublinha a fidelidade de Deus por meio dos tempos. Sua bondade, misericórdia e verdade não são afetadas pela passagem das gerações, mas permanecem como um farol guiando cada nova era de crentes.

Criação

Deus estabelece Seu plano para a humanidade, criada à Sua imagem.

Pacto com Abraão

Deus promete abençoar todas as nações por meio da descendência de Abraão.

Era dos profetas

Deus revela Seu plano de redenção por meio dos profetas de Israel.

Vinda de Cristo

Jesus cumpre as profecias e estabelece o fundamento para a expansão do Reino.

Era da Igreja

Os discípulos levam o evangelho a todas as nações, cumprindo a Grande Comissão.

A missão dos discípulos: de Jerusalém aos confins da Terra

Antes de sua ascensão, Jesus deu uma missão clara aos seus discípulos, registrada em Atos 1:8: "*Mas recebereis a virtude do Espírito Santo, que há de vir sobre vós; e ser-me-eis testemunhas, tanto em Jerusalém como em toda a Judeia e Samaria, e até aos confins da terra"*. Essa comissão não era apenas uma sugestão, mas um mandato divino que ecoava as promessas feitas a Abraão e as profecias de Isaías.

Essa missão se desdobra em três fases geográficas e espirituais: Jerusalém, o centro do judaísmo; Judeia e Samaria, representando a expansão para além das fronteiras culturais; e os confins da terra, abrangendo todas as nações. Cada fase representa um desafio crescente e uma expansão do alcance do evangelho.

Jerusalém

Os discípulos iniciam sua missão no coração do judaísmo, testemunhando primeiro aos seus compatriotas e estabelecendo a primeira igreja.

Judeia e Samaria

O evangelho se expande para as regiões vizinhas, superando barreiras étnicas e culturais, especialmente com os samaritanos.

Confins da Terra

A mensagem de Cristo alcança todas as nações, cumprindo a promessa feita a Abraão de que todas as famílias da terra seriam abençoadas por meio de sua descendência.

O cumprimento da promessa em Cristo

A missão dada aos discípulos está intrinsecamente ligada às promessas feitas por Deus ao longo da história da redenção. A promessa feita a Abraão em Gênesis 12:3, de que nele seriam benditas todas as famílias da terra, encontra seu cumprimento em Cristo e na missão da igreja.

O Salmo 2, um salmo messiânico, profetiza sobre o reinado universal do Filho de Deus, declarando: "Pede-me, e eu te darei as nações por herança, e os confins da terra por tua possessão" (Salmo 2:8). Essa promessa se alinha perfeitamente com a missão dada por Jesus aos seus discípulos.

Isaías 52:10 proclama: *O Senhor desnudou o seu santo Braço perante os olhos de todas as nações; e todos os confins da terra verão a salvação do nosso Deus*. Essa profecia encontra seu cumprimento na obra redentora de Cristo e na subsequente propagação do evangelho pelos discípulos até os confins da terra.

A EXPANSÃO DO REINO: DESAFIOS E TRIUNFOS

A expansão do Reino de Deus, conforme ordenada por Jesus, não foi uma jornada sem obstáculos. Os discípulos enfrentaram perseguição, rejeição e até martírio enquanto levavam a mensagem do evangelho aos confins da terra. No entanto, essas dificuldades serviram para fortalecer a Igreja e espalhar a mensagem ainda mais longe.

O livro de Atos nos fornece um relato vívido dessa expansão, desde o dia de Pentecostes até as viagens missionárias de Paulo. Vemos o evangelho cruzando fronteiras culturais, étnicas e geográficas, cumprindo a visão de Jesus de um reino que abrange todas as nações.

PENTECOSTES

O derramamento do Espírito Santo capacita os discípulos para a missão global.

PERSEGUIÇÃO EM JERUSALÉM

A oposição leva à dispersão dos crentes, espalhando o evangelho para novas regiões.

CONVERSÃO DOS GENTIOS

A inclusão dos não judeus marca uma nova fase na expansão do Reino.

VIAGENS MISSIONÁRIAS

Paulo e outros apóstolos levam o evangelho a regiões distantes do Império Romano.

A VISÃO APOCALÍPTICA: O TRIUNFO FINAL DO REINO

O livro do Apocalipse nos oferece uma visão gloriosa do cumprimento final da promessa de Deus. Em Apocalipse 5:9, vemos uma cena celestial em que os redimidos cantam um novo cântico: *Digno és de tomar o livro, e de abrir os seus selos; porque foste morto, e com o teu sangue nos compraste para Deus de toda a tribo, e língua, e povo, e nação.*

Essa visão apocalíptica revela o triunfo final do Reino de Deus. A missão dada aos discípulos encontra sua plena realização, com pessoas de todas as nações adorando diante do trono de Deus. É a culminação da promessa feita a

Abraão, o cumprimento da Grande Comissão e a manifestação plena do reinado de Cristo sobre toda a criação.

Alcance global

O evangelho alcança todas as nações, tribos e línguas.

Reinado de Cristo

Jesus é reconhecido como Rei dos reis e Senhor dos senhores.

Adoração universal

Todos os redimidos se unem em adoração ao Cordeiro.

Vitória final

O mal é derrotado e o Reino de Deus é plenamente estabelecido.

Nossa responsabilidade: vivendo como a geração do Reino

Como "geração do Reino", somos chamados a viver à altura de nossa identidade em Cristo. Isso significa abraçar nossa missão com fervor, buscando continuamente a face de Deus e sendo Suas testemunhas em nosso contexto específico. Somos parte de uma linhagem espiritual que se estende desde a criação até o fim dos tempos, carregando a tocha da fé e da missão.

Nossa responsabilidade inclui viver vidas santas, proclamar o evangelho, fazer discípulos e trabalhar pela expansão do Reino de Deus em todas as esferas da sociedade. Devemos lembrar que, assim como as gerações anteriores, somos chamados a ser fiéis em nosso tempo, confiando na bondade eterna de Deus e em Sua verdade que perdura de geração em geração.

Buscar a face de Deus

Cultivar uma intimidade profunda com Deus por meio da oração, do estudo da Palavra e da adoração.

Ser testemunhas

Compartilhar o evangelho por meio de palavras e ações, sendo sal e luz em nossos círculos de influência.

Fazer discípulos

Investir em outras pessoas, ensinando-as a seguir Jesus e a cumprir a Grande Comissão.

Expandir o Reino

Trabalhar pela transformação de todas as áreas da sociedade conforme os valores do Reino de Deus.

30

A GERAÇÃO DO REINO: O PLANO ETERNO DE DEUS

O fascinante plano de Deus para sua criação, focando na geração do reino. Baseado em textos bíblicos, examinamos o conceito do reino preparado desde a fundação do mundo, o plano global de Deus envolvendo todas as nações e como isso se relaciona com a história da humanidade desde Adão até Cristo. Descobriremos como Deus está formando uma geração santa por meio de Seu Filho Jesus Cristo.

O Reino preparado desde a fundação do mundo

O plano de Deus para a humanidade não é uma reflexão tardia, mas um projeto meticulosamente elaborado desde o princípio. Em Mateus 25:34, Jesus revela que o reino foi preparado *"desde a fundação do mundo"*. Essa preparação divina demonstra o amor e a previdência de Deus para com Sua criação.

Esse reino não é limitado a uma nação ou povo específico. Pelo contrário, como vemos em Mateus 25:32, todas as nações serão reunidas diante de Deus. Isto ressoa com a promessa feita a Abraão em Gênesis 12:3, em que Deus declara que *"todas as famílias da terra serão benditas"* por meio dele.

Criação do mundo

Deus prepara o reino desde o princípio, demonstrando Seu plano eterno para a humanidade.

Chamado de Abraão

Deus promete abençoar todas as nações por meio de Abraão, expandindo Seu plano para alcance global.

VINDA DE CRISTO

Jesus revela o reino preparado e convida todas as nações a participarem dele.

A REVELAÇÃO PROGRESSIVA DO PLANO DIVINO

O plano de Deus se desdobra gradualmente por meio da história, como vemos na visão da estátua dada a Nabucodonosor e interpretada por Daniel. Essa revelação mostra que Deus tem o controle sobre os reinos terrenos e está trabalhando para estabelecer Seu reino eterno.

A vinda de Jesus marca o ponto crucial deste plano. João Batista anuncia: *Arrependei-vos, pois é chegado o reino dos céus* (Mateus 3:2). Jesus ensina que para ver e entrar no reino, é necessário um novo nascimento espiritual (João 3:3). Essa renovação espiritual é parte integral do plano de Deus para formar uma geração santa.

REVELAÇÃO A DANIEL

Deus revela seu plano por meio das eras e impérios mundiais.

ANÚNCIO DE JOÃO BATISTA

A proximidade do reino dos céus é proclamada, chamando ao arrependimento.

ENSINAMENTOS DE JESUS

Jesus revela a necessidade de um novo nascimento para entrar no reino.

A PROMESSA A ABRAÃO E SUA REALIZAÇÃO EM CRISTO

A promessa feita a Abraão de que todas as nações seriam benditas por meio dele encontra sua plena realização em Jesus Cristo. O apóstolo Paulo, em Gálatas 3:8, explicita essa conexão, mostrando que a justificação pela fé, disponível para todos os povos, estava prevista desde o chamado de Abraão

Em Cristo, as barreiras que dividiam a humanidade são derrubadas. Gálatas 3:28-29 declara que não há mais distinção entre judeu e grego, escravo e livre, homem e mulher, pois todos são um em Cristo Jesus. A unidade em Cristo realiza a promessa feita a Abraão, formando uma nova humanidade, a verdadeira descendência espiritual de Abraão.

A missão global dos discípulos

Após Sua ressurreição, Jesus comissiona seus discípulos com uma missão global. Em Atos 1:8, Ele promete o poder do Espírito Santo e os envia como testemunhas *"até aos confins da terra"*. Essa missão é a continuação direta da promessa feita a Abraão e do plano eterno de Deus para todas as nações.

O livro de Apocalipse nos dá um vislumbre do cumprimento final dessa missão. Em Apocalipse 5:9, vemos uma multidão adorando o Cordeiro, composta por pessoas *de toda tribo, língua, povo e nação*. Essa visão celestial é o ápice do plano de Deus, mostrando a realização plena da promessa feita a Abraão e cumprida em Cristo.

Poder do Espírito

Os discípulos são capacitados pelo Espírito Santo para sua missão global.

Alcance mundial

A missão se estende até os confins da terra, abrangendo todas as nações.

Cumprimento final

A visão do Apocalipse mostra o triunfo final do plano de Deus para todas as nações.

As gerações desde a criação até Cristo

O salmista nos convida a considerar *a geração daqueles que buscam, daqueles que buscam a face do Deus de Jacó* (Salmos 24:6). Essa busca perpassa todas as gerações desde a criação até Cristo, formando uma linhagem espiritual de fiéis.

Eclesiastes 1:4 nos lembra que *uma geração vai, e outra geração vem; mas a terra para sempre permanece*. No entanto, a fidelidade de Deus permanece constante por meio de todas essas gerações, como afirma o Salmo 100:5: *o Senhor é bom, e eterna a sua misericórdia; e a sua verdade dura de geração em geração.*

O Salmo 24 nos convida a contemplar a criação e seu Criador, lembrando-nos que tudo pertence ao Senhor. Contudo, também nos alerta para a necessidade de integridade e pureza de coração para entrar na presença de Deus, apontando para a necessidade de redenção que seria cumprida em Cristo.

CRIAÇÃO

Deus estabelece seu plano para a humanidade.

PATRIARCAS

Abraão, Isaque e Jacó recebem e transmitem a promessa.

REIS E PROFETAS

O plano de Deus é revelado e prefigurado por meio de Israel.

CRISTO

O plano eterno de Deus se cumpre em Jesus.

A REDENÇÃO POR MEIO DE CRISTO

A condição humana, marcada pelo pecado desde Adão, criou uma barreira entre Deus e a humanidade. Como Paulo explica em Romanos 3:23, *todos pecaram e destituídos estão da glória de Deus*. Essa realidade universal do pecado significa que ninguém pode, por seus próprios méritos, entrar na presença santa de Deus.

No entanto, o Salmo 24:7-8 anuncia a chegada do *Rei da Glória*, que tem acesso aos *portões eternos*. O Rei da Glória é Jesus Cristo, que por meio de Sua vida, morte e ressurreição, abre o caminho para que a humanidade seja restaurada à glória de Deus.

Por meio do sangue de Cristo, descrito em 1 Pedro 1:18-19 como *precioso e de um Cordeiro imaculado e incontaminado*, a humanidade ganha acesso ao Reino de Deus. Essa redenção cumpre o plano eterno de Deus, permitindo que uma nova geração santa seja formada em Cristo.

A NOVA GERAÇÃO EM CRISTO

Em Cristo, uma nova geração é formada, não por descendência natural, mas por um novo nascimento espiritual. Como Pedro explica em 1 Pedro 1:23, somos *de novo gerados, não de semente corruptível, mas da incorruptível, pela palavra de Deus, viva, e que permanece para sempre*.

A nova geração em Cristo cumpre o propósito eterno de Deus de ter um povo santo para Si. Como descrito em 1 Pedro 2:9, somos agora *a geração eleita, o sacerdócio real, a nação santa, o povo adquirido, para que anunciemos as virtudes daquele que nos chamou das trevas para a sua maravilhosa luz*.

Por meio de Cristo, o caminho para a glória de Deus está aberto. Como Jesus declara em João 14:6, *"Eu sou o caminho, e a verdade e a vida; ninguém vem ao Pai, senão por mim"*. A nova geração, purificada e santificada pelo sangue de Cristo, tem agora acesso ao lugar santo do Senhor, cumprindo o plano eterno de Deus de habitar com Seu povo.

Novo nascimento

Regeneração espiritual pela Palavra incorruptível de Deus.

Identidade Santa

Uma geração eleita e real, chamada para anunciar as virtudes de Deus.

Acesso a Deus

Caminho aberto para a presença de Deus por meio de Cristo.

Cumprimento do plano

Realização do propósito eterno de Deus de habitar com Seu povo.

A unidade em Cristo: além das diferenças

Buscamos a unidade em Cristo, transcendendo barreiras culturais e sociais. Refletimos sobre nossa herança como descendentes de Abraão e a luz de Cristo para todas as nações.

Em Cristo, as distinções humanas se dissolvem. Judeu ou grego, servo ou livre, homem ou mulher — todos são um. Essa unidade transcende nossas diferenças terrenas. Ela nos une em um corpo espiritual, refletindo o amor de Deus.

Igualdade espiritual

Em Cristo, todas as barreiras sociais e culturais são derrubadas.

Unidade na diversidade

Nossa diversidade enriquece a Igreja, mas nossa unidade em Cristo é primordial.

Amor universal

O amor de Cristo nos une, superando preconceitos e divisões.

Herdeiros da promessa divina

Como seguidores de Cristo, somos herdeiros da promessa feita a Abraão. Essa herança transcende a linhagem física. Somos parte de uma família espiritual global. Unidos pela fé, compartilhamos as bênçãos prometidas por Deus.

A luz de Cristo para as nações

Simeão proclamou Jesus como luz para iluminar as nações. Essa declaração revela o plano universal de Deus. A salvação de Cristo não se limita a um povo. Ela brilha para toda a humanidade, trazendo esperança e redenção.

Promessa a Abraão

Deus promete abençoar todas as nações por meio de Abraão.

Profecia de Isaías

Isaías prevê uma luz para os gentios.

Declaração de Simeão

Simeão reconhece Jesus como luz para todas as nações.

Comissão de Jesus

Jesus envia seus discípulos a todas as nações.

O plano fascinante do Eterno

O plano de Deus para a humanidade é verdadeiramente fascinante. Ele se desenrola por meio da história, culminando em Cristo. Cada um de nós tem um papel neste plano divino. Somos chamados a ser luz e sal no mundo.

A missão global dos discípulos

Jesus comissionou seus discípulos a serem testemunhas até os confins da terra. Essa missão continua nos dias de hoje. Somos chamados a compartilhar o evangelho em nossa Jerusalém, Judeia, Samaria e além. Cada crente é um missionário em seu contexto.

Jerusalém

Nossa comunidade local, onde começamos a testemunhar.

JUDEIA

Nossa região, expandindo nossa influência.

SAMARIA

Áreas desafiadoras, superando barreiras culturais.

CONFINS DA TERRA

Alcançando todas as nações com o evangelho.

PROMESSA CUMPRIDA EM CRISTO

Jesus é o cumprimento das promessas do Antigo Testamento, Ele traz salvação para todos os povos.

Em Cristo, as profecias se concretizam. Sua obra redentora abraça toda tribo, língua e nação.

PROMESSA A ABRAÃO

Todas as famílias da terra serão abençoadas por meio de sua descendência.

PROFECIA DE ISAÍAS

A salvação de Deus alcançará os confins da terra.

REALIZAÇÃO EM CRISTO

Jesus traz redenção para pessoas de todas as nações.

NOSSA ESPERANÇA EM CRISTO

A promessa cumprida em Cristo nos traz grande esperança. Somos parte de um plano eterno de redenção. Essa esperança nos motiva a viver em unidade e amor. Juntos, celebramos a graça de Deus que nos une.

31

A UNIDADE EM CRISTO E A HERANÇA DA PROMESSA

A profunda mensagem de unidade e inclusão em Cristo, conforme revelada nas Escrituras. Examinaremos como a promessa feita a Abraão se estende a todos os crentes, transcendendo barreiras culturais e sociais. Refletiremos sobre o plano divino de salvação para todas as nações e como isso se manifesta desde o nascimento de Jesus até a visão final no Apocalipse.

A unidade em Cristo: transcendendo barreiras

Em Gálatas 3:28, o apóstolo Paulo apresenta uma visão revolucionária da unidade em Cristo: *Nisto não há judeu nem grego; não há servo nem livre; não há macho nem fêmea; porque todos vós sois um em Cristo Jesus.* Essa declaração poderosa desafia as divisões sociais, culturais e de gênero que eram comuns na sociedade antiga.

Essa unidade não é uma mera uniformidade, mas uma harmonia rica em diversidade. Em Cristo, nossas diferenças não são apagadas, mas transformadas em uma tapeçaria bela e complexa de fé. Cada crente traz sua própria experiência e perspectiva única para o corpo de Cristo, enriquecendo a comunidade como um todo.

Unidade

Em Cristo, todas as barreiras são derrubadas, criando uma comunidade unificada de fé.

Diversidade

As diferenças individuais são celebradas e valorizadas dentro da unidade do corpo de Cristo.

Transformação

A fé em Cristo transforma nossas identidades e relacionamentos, criando uma nova realidade espiritual.

Herdeiros da promessa: a descendência espiritual de Abraão

Gálatas 3:29 expande o conceito de unidade, declarando: *E, se sois de Cristo, então sois descendência de Abraão, e herdeiros conforme a promessa.* Essa afirmação conecta todos os crentes à promessa feita por Deus a Abraão, transcendendo a linhagem física.

A promessa a Abraão, de que nele seriam benditas todas as famílias da terra (Gênesis 12:3), encontra seu cumprimento em Cristo. Por meio da fé, todos os crentes, independentemente de sua origem étnica, tornam-se parte da família espiritual de Abraão e herdeiros das promessas divinas.

Promessa a Abraão

Deus promete a Abraão que nele todas as famílias da terra serão abençoadas (Gênesis 12:3).

Vinda de Cristo

Jesus nasce como o cumprimento da promessa, trazendo salvação para todos os povos.

Expansão da Igreja

O evangelho se espalha para além de Israel, alcançando gentios de todas as nações.

Herança eterna

Todos os crentes em Cristo tornam-se herdeiros da promessa e participantes do Reino de Deus.

A revelação do plano divino: Jesus como luz para as nações

O evento descrito em Lucas 2:29-32 marca um momento crucial na revelação do plano divino. Quando Simeão segura o menino Jesus no templo, ele profetiza:

> *Agora, Senhor, podes despedir em paz o teu servo, segundo a tua palavra, pois já os meus olhos viram a tua salvação, a qual tu preparaste perante a face de todos os povos, luz para alumiar as nações e para glória de teu povo Israel.*

Essa declaração revela o propósito universal da vinda de Jesus. Ele não é apenas o Messias de Israel, mas a luz que iluminará todas as nações. O plano fascinante do Eterno, que inclui a redenção de toda a humanidade, está sendo revelado na pessoa de Jesus Cristo.

A missão universal: testemunhas até os confins da Terra

Antes de sua ascensão, Jesus comissiona seus discípulos com uma missão universal, como registrado em Atos 1:8: *"Mas recebereis a virtude do Espírito Santo, que há de vir sobre vós; e ser-me-eis testemunhas, tanto em Jerusalém como em toda a Judéia e Samaria, e até aos confins da terra"*.

Essa comissão está intrinsecamente ligada à promessa feita a Abraão e às profecias do Antigo Testamento, como Salmos 2 e Isaías 52:10. O plano de Deus sempre foi alcançar todas as nações com sua salvação e agora os seguidores de Cristo são chamados a participar ativamente nesse plano divino.

Jerusalém

O evangelho começa a ser proclamado no coração de Israel.

Judéia e Samaria

A mensagem se expande para regiões próximas, incluindo grupos marginalizados.

Confins da Terra

O testemunho de Cristo alcança todas as nações e culturas do mundo.

A visão celestial: uma multidão de todas as nações

O livro do Apocalipse oferece uma visão gloriosa do cumprimento final da promessa de Deus. Em Apocalipse 5:9, lemos: *E cantavam um novo cântico, dizendo: Digno és de tomar o livro, e de abrir os seus selos; porque foste morto, e com o teu sangue nos compraste para Deus de toda a tribo, e língua, e povo, e nação.*

Essa cena celestial retrata a culminação do plano de salvação de Deus. A multidão redimida inclui pessoas de todas as tribos, línguas, povos e nações, demonstrando o alcance universal da obra redentora de Cristo. Essa visão do capitulo 5.9 do Apocalipse nos dá uma grande esperança, mostrando que a promessa feita a Abraão e cumprida em Cristo abrange verdadeiramente toda a humanidade.

A esperança da promessa: reflexões para os crentes

A promessa de Deus, cumprida em Cristo e estendida a todos os crentes, nos traz uma grande esperança. Essa esperança não é apenas para o futuro, mas tem implicações profundas para nossa vida diária e nossa missão como seguidores de Cristo.

Como herdeiros da promessa, somos chamados a viver de acordo com nossa nova identidade em Cristo. Isso significa abraçar a unidade com todos os crentes, independentemente de suas origens, e participar ativamente na missão de Deus de levar a luz de Cristo a todas as nações.

Viver em unidade

Buscar ativamente a unidade com todos os crentes, superando divisões e preconceitos.

Compartilhar a luz

Ser testemunhas de Cristo em nossas comunidades e além, levando esperança e amor a todos.

Celebrar a diversidade

Valorizar e apreciar a rica diversidade do corpo de Cristo, reconhecendo que cada pessoa é única e preciosa aos olhos de Deus.

Antecipação do Reino

Viver com a expectativa do Reino vindouro, onde todas as nações se reunirão em adoração a Deus.

Conclusão: a realização do plano eterno de Deus

Ao refletirmos sobre a unidade em Cristo e a herança da promessa, somos lembrados da grandeza e da beleza do plano eterno de Deus. Desde a chamada de Abraão até a visão final no Apocalipse, vemos um fio condutor de amor e redenção que atravessa toda a história da humanidade.

Como crentes, somos convidados a participar desse plano divino, vivendo como um povo unificado em Cristo e compartilhando a luz do evangelho com todas as nações. Que possamos abraçar nossa identidade como herdeiros da promessa e viver de maneira que reflita a unidade e o amor que temos em Cristo Jesus.

Unidade em Cristo

Celebramos nossa união em Cristo, que transcende todas as barreiras humanas.

Herança da promessa

Regozijamo-nos em nossa identidade como herdeiros espirituais de Abraão por meio de Cristo.

Missão global

Comprometemo-nos a ser testemunhas de Cristo até os confins da terra, cumprindo o chamado divino.

32

JESUS: O CAMINHO PARA O PAI E A NOVA GERAÇÃO ELEITA

Este capítulo explora o papel de Jesus Cristo como o único caminho para o Pai celestial, a transformação profunda que ocorre na vida dos crentes e a missão da nova geração eleita. Por meio das escrituras e reflexões inspiradoras, veremos como o sacrifício de Jesus nos permite acesso ao lugar santíssimo, nos purifica do pecado e nos chama para uma vida de propósito como sacerdotes reais, nação santa e luz no mundo.

Jesus: o caminho exclusivo para o Pai

Jesus Cristo, em Sua infinita sabedoria e amor, declarou ser o único caminho para o Pai celestial. Essa afirmação, registrada em João 14:6, não é apenas uma declaração de exclusividade, mas um convite amoroso para uma relação íntima com Deus.

Quando Jesus diz *"Eu sou o caminho, a verdade e a vida"* (1 João 14:3), Ele está revelando Sua natureza tríplice como mediador entre Deus e os homens. Como o caminho, Jesus nos guia por meio dos desafios da vida. Como a verdade, Ele ilumina nossa mente e nosso coração com a revelação divina. E como a vida, Ele nos oferece abundância espiritual e eternidade com o Pai.

O caminho

Jesus nos guia por meio dos desafios da vida, oferecendo direção e propósito.

A verdade

Ele ilumina nossa mente e coração com a revelação divina, dissipando as trevas do engano.

A VIDA

Jesus nos oferece abundância espiritual e a promessa da vida eterna com o Pai celestial.

A JUSTIÇA QUE PRECEDE E PREPARA O CAMINHO

O Salmo 85:9-13 nos apresenta uma bela imagem da justiça de Deus que vai adiante, preparando o caminho para Seus filhos. Essa justiça não é apenas um conceito abstrato, mas uma força ativa que molda nossa jornada espiritual.

Quando a Escritura diz que a justiça *nos porá no caminho das suas pisadas* (Salmos 85:13), ela está pintando um quadro vívido de como Deus não apenas nos mostra o caminho, mas também nos capacita a segui-lo. As pisadas de Deus são marcas de Sua presença e direção, deixadas para que possamos seguir com confiança.

A justiça que precede nossos passos é uma manifestação do amor e da graça de Deus, ela remove obstáculos, aplaina caminhos tortuosos e nos prepara para caminhar em retidão. Assim, somos convidados a confiar não em nossa própria força, mas na justiça de Deus que nos guia e sustenta em cada passo de nossa jornada espiritual.

A TRANSFORMAÇÃO PROFUNDA DOS CRENTES

A passagem de 1 Coríntios 6:9-11 nos apresenta um poderoso testemunho da transformação radical que ocorre na vida daqueles que encontram Cristo. Paulo, ao listar várias práticas pecaminosas, não o faz para condenar, mas para destacar o poder transformador do evangelho.

A frase *E é o que alguns têm sido* ressoa com a realidade de nossas vidas antes de Cristo. No entanto, o apóstolo não nos deixa nesse estado, mas imediatamente proclama a mudança: *mas haveis sido lavados, mas haveis sido santificados, mas haveis sido justificados* (Coríntios 6:11) *são tríplice* declaração enfatiza a obra completa de Deus em nossas vidas.

LAVADOS

Purificados de toda mancha do pecado pelo sangue de Jesus, experimentamos uma limpeza profunda que alcança até as partes mais íntimas de nosso ser.

SANTIFICADOS

Separados para Deus, somos chamados a uma vida de santidade, refletindo o caráter de Cristo em nossas ações e atitudes diárias.

JUSTIFICADO

Declarados justos diante de Deus, não por nossas obras, mas pela fé em Cristo, desfrutamos de uma nova posição legal e espiritual.

ACESSO AO LUGAR SANTÍSSIMO

A carta aos Hebreus nos revela uma verdade preciosa: por meio de Jesus, temos acesso direto ao lugar santíssimo, a própria presença de Deus. Esse privilégio, antes reservado apenas ao sumo sacerdote uma vez por ano, agora está disponível a todos os crentes.

O *novo e vivo caminho,* mencionado em Hebreus 10:20, não é uma rota física, mas uma realidade espiritual estabelecida pelo sacrifício de Jesus. O véu do templo, que simbolizava a separação entre Deus e o homem, foi rasgado no momento da morte de Cristo, ilustrando vividamente o acesso direto que agora temos ao Pai.

O acesso não é apenas um privilégio, mas um convite à intimidade. Somos encorajados a nos aproximar de Deus [...] *com um coração sincero e com plena convicção de fé* (Hebreus 11:6). A proximidade com Deus transforma nossa adoração, nossas orações e toda a nossa vida espiritual, permitindo-nos experimentar a presença de Deus de maneira profunda e pessoal.

A NOVA GERAÇÃO ELEITA: IDENTIDADE E PROPÓSITO

A nova geração eleita, mencionada no Salmo 24:6, não se refere apenas a uma faixa etária específica, mas a todos aqueles que foram redimidos pelo sangue de Cristo. Essa geração é caracterizada por sua busca sincera por Deus, um desejo ardente de conhecê-Lo e segui-Lo de todo o coração.

Como parte dessa geração eleita, somos chamados a uma identidade única e um propósito divino. Nossa identidade está fundamentada em quem somos em Cristo: filhos amados de Deus, co-herdeiros com Cristo, embaixadores do Reino. O entendimento de quem somos em Cristo molda nossa visão de mundo e nossas ações.

Identidade em Cristo

Reconhecemos nossa posição como filhos amados de Deus, adotados em Sua família celestial e dotados de uma nova natureza.

Propósito divino

Entendemos que fomos criados e redimidos para um propósito maior: glorificar a Deus e expandir Seu Reino na terra.

Busca contínua

Cultivamos um desejo constante de conhecer mais profundamente a Deus, buscando Sua face em oração, adoração e estudo da Palavra.

Impacto no mundo

Vivemos com a consciência de que nossas vidas devem refletir o caráter de Cristo, impactando positivamente o mundo ao nosso redor.

Sacerdócio real e nação santa

Como parte da nova geração eleita, somos chamados a uma dupla função: sacerdócio real e nação santa. Estas designações, longe de serem meros títulos, carregam profundas implicações para nossa vida e ministério.

O conceito de sacerdócio real nos lembra que temos o privilégio e a responsabilidade de ministrar tanto a Deus quanto aos homens. Como sacerdotes, oferecemos a Deus o sacrifício de louvor e intercessão e, ao mesmo tempo, representamos Deus diante do mundo, mediando Sua graça e verdade.

Ser uma nação santa significa que fomos separados para Deus, chamados a viver segundo Seus padrões de retidão e pureza. Essa santidade não é uma separação física do mundo, mas uma distinção moral e espiritual que deve ser evidente em nossas atitudes, palavras e ações.

Realeza

Reflete nossa autoridade espiritual em Cristo e nossa responsabilidade de governar com sabedoria e justiça.

Sacerdócio

Simboliza nosso papel de intercessores e ministros da graça de Deus, conectando o divino e o humano.

Santidade

Representa nossa separação para Deus e o chamado para viver vidas puras e dedicadas a Ele.

Nação

Indica nossa identidade coletiva como povo de Deus, unidos em propósito e missão no mundo.

Luz no mundo: a missão transformadora

Como seguidores de Cristo, somos chamados a ser *luz no mundo* (Mateus 5:14). Essa metáfora poderosa nos lembra de nossa responsabilidade de iluminar as trevas espirituais e morais ao nosso redor. Assim como a luz dissipa a escuridão, nossa presença e testemunho devem trazer clareza, verdade e esperança a um mundo muitas vezes confuso e desesperado.

Ser luz no mundo não é apenas uma questão de palavras, mas de ações. É por meio por meio de nossas vidas transformadas que as "virtudes de Deus" são anunciadas. Cada ato de amor, cada palavra de encorajamento, cada gesto de compaixão serve como um farol, apontando para a realidade do Reino de Deus.

A missão transformadora não é algo que realizamos por nossa própria força, mas pelo poder do Espírito Santo que habita em nós. À medida que nos rendemos a Ele, nos tornamos canais da graça e do amor de Deus, impactando vidas e comunidades inteiras. Assim, cumprimos o chamado de Cristo para sermos o sal da terra e a luz do mundo, trazendo o sabor e a iluminação do Reino de Deus a todos os aspectos da sociedade.

33

O PLANO FASCINANTE DO ALTÍSSIMO: A CRIAÇÃO E O DOMÍNIO DO HOMEM

O fascinante plano de Deus na criação do homem, focando na intenção divina de estabelecer o ser humano como seu representante na Terra. Analisaremos os termos bíblicos usados para descrever o domínio concedido ao homem, a natureza da imagem e semelhança divina e as implicações teológicas dessa relação especial entre Deus e a humanidade.

A criação do homem à imagem e semelhança de Deus

O livro de Gênesis nos apresenta o momento sublime da criação do ser humano. Em Gênesis 1:26, lemos: *"Façamos o homem à nossa imagem, conforme a nossa semelhança"*. Essa declaração revela o propósito divino de criar um ser que refletisse a natureza e os atributos do próprio Deus.

A imagem e semelhança divina não se referem a uma semelhança física, mas sim a aspectos espirituais e morais. O homem foi dotado de características que o distinguem do restante da criação, como racionalidade, moralidade, criatividade e a capacidade de se relacionar com Deus.

Racionalidade

A capacidade de pensar, raciocinar e tomar decisões conscientes.

Moralidade

A habilidade de discernir entre o bem e o mal e fazer escolhas éticas.

CRIATIVIDADE

O poder de criar, inovar e expressar-se de maneiras únicas.

RELACIONAMENTO

A aptidão para se comunicar e manter comunhão com Deus e com outros seres.

O MANDATO DE DOMÍNIO DADO AO HOMEM

Após criar o homem, Deus lhe concede uma responsabilidade única: *"Domine ele sobre os peixes do mar, sobre as aves do céu e sobre todo animal que rasteja sobre a terra"* (Gênesis 1:26b). Este mandato é reforçado em Gênesis 1:28, onde Deus abençoa a humanidade e ordena: *"frutificai e multiplicai-vos, e enchei a terra, e sujeitai-a; e dominai sobre os peixes do mar, e sobre as aves dos céus, e sobre todo o animal que se move sobre a terra"*.

Esse domínio não implica em exploração ou tirania, mas em uma mordomia responsável e cuidadosa da criação divina. O homem é chamado a ser um administrador sábio e benevolente dos recursos e criaturas que Deus colocou sob seus cuidados.

A DISTINÇÃO ENTRE O DOMÍNIO HUMANO E O GOVERNO DOS LUMINARES

É interessante notar a diferença na linguagem usada para descrever o domínio concedido ao homem e o papel atribuído aos luminares celestes. Em Gênesis 1:16, lemos: *E fez Deus os dois grandes luminares: o luminar maior para governar o dia, e o luminar menor para governar a noite; e fez as estrelas.*

No texto hebraico original, o verbo usado para descrever a função do sol e da lua é "lëmemëshelet" (לְמֶמְשֶׁלֶת), que vem da raiz "måshël" (מָשַׁל). Esse termo carrega a ideia de um império ou domínio estabelecido. Em contraste, o verbo usado para o domínio humano é "radah" (רָדָה), que implica em governar, mandar ou reger, mas com uma conotação de realeza e autoridade delegada por Deus.

LUMINARES (SOL E LUA)

Verbo: lëmemëshelet (לְמֶמְשֶׁלֶת).

Significado: Domínio estabelecido, império

SER HUMANO

Verbo: radah (רָדָה).

Significado: governar, reger com autoridade delegada.

A FILIAÇÃO DIVINA DO HOMEM

A relação especial entre Deus e o homem é evidenciada na genealogia de Jesus apresentada no Evangelho de Lucas. Em Lucas 3:38, lemos: [...] *e Sete de Adão, e Adão de Deus*. Essa declaração única coloca Adão, e por extensão toda a humanidade, em uma posição de filiação divina.

Essa filiação não é meramente simbólica, mas reflete a realidade espiritual da criação do homem. Quando Deus *formou o homem do pó da terra, e soprou em suas narinas o fôlego da vida* (Gênesis 2:7), Ele estava impartindo algo de Si mesmo para sua criação. Esse ato divino conferiu ao homem não apenas vida física, mas também características espirituais que o tornam único entre todas as criaturas.

FORMAÇÃO DO CORPO

Deus molda o homem do pó da terra, dando-lhe forma física.

SOPRO DIVINO

O Criador sopra o fôlego de vida, impartindo sua essência espiritual.

ALMA VIVENTE

O homem torna-se um ser vivo, dotado de características divinas.

FILIAÇÃO ESTABELECIDA

Adão é reconhecido como "filho de Deus", estabelecendo a filiação divina da humanidade.

O HOMEM COMO REGENTE E MORDOMO DE DEUS

Ao usar o verbo "radah" para descrever o domínio do homem, Deus está efetivamente nomeando a humanidade como seus regentes e mordomos na Terra. Essa posição de autoridade delegada carrega consigo uma grande responsabilidade. O homem não é apenas um habitante passivo do mundo criado, mas um participante ativo no plano divino para a criação.

Como regente de Deus, o ser humano é chamado a exercer seu domínio de maneira que reflita o caráter e os propósitos do Criador. Isso inclui cuidar da criação, desenvolver seus recursos de forma sustentável e promover a harmonia e o florescimento de todas as criaturas. A mordomia que conhecemos como regência não é uma licença para exploração, mas um chamado sagrado para representar o governo justo e benevolente de Deus na Terra.

O Filho como rei das nações

O conceito de realeza divina e domínio delegado encontra sua expressão máxima no Salmo 2, que profeticamente aponta para o Messias. O salmo descreve a eleição divina do Filho como rei sobre as nações, ecoando e ampliando o mandato original dado à humanidade em Gênesis, 1:26b.

No versículo 7, lemos: *"Recitarei o decreto: o Senhor me disse: Tu és meu filho, eu hoje te gerei"*. Essa declaração estabelece a autoridade do Filho baseada em sua relação única com o Pai. O versículo 8 continua: *"Pede-me, e eu te darei as nações por herança, e os fins da terra por tua possessão"*. Aqui, vemos a extensão do domínio concedido ao Filho, abrangendo toda a criação.

Decreto divino

Deus declara a filiação e a autoridade do Filho.

Pedido do Filho

O Filho pede ao Pai as nações como herança.

Concessão da herança

O Pai entrega as nações e a terra ao domínio do Filho.

Estabelecimento do Reino

O Filho reina sobre toda a criação, cumprindo o propósito divino.

Conclusão: o propósito eterno de Deus para a humanidade

Ao examinarmos o plano fascinante do Altíssimo para a criação e o domínio do homem, percebemos a profundidade e a beleza do propósito divino. Desde o início, Deus desejou ter representantes na Terra que refletissem Sua imagem e exercessem um domínio justo e amoroso sobre a criação.

Esse plano, iniciado com Adão e continuado por meio da linhagem humana, encontra sua perfeita realização em Jesus Cristo, o Filho por excelência, que reúne em si a plena imagem de Deus e o domínio absoluto sobre todas as coisas. Como seguidores de Cristo, somos chamados a participar desse propósito eterno, exercendo nosso domínio delegado de maneira que glorifique a Deus e promova o bem de toda a criação.

34

A JORNADA DA HUMANIDADE: DA CRIAÇÃO À REDENÇÃO

Exploraremos a passagem bíblica da criação, a queda e a redenção da humanidade, focando nos primeiros capítulos do Gênesis. Analisaremos o conhecimento do bem e do mal, as consequências da desobediência e o início de uma nova linhagem por meio de Sete, filho de Adão e Eva. Essa jornada reflexiva nos leva a considerar profundamente o plano divino para a humanidade e o significado da imagem e semelhança de Deus.

O conhecimento do bem e do mal: uma reflexão teológica

A questão "Para que conhecer o mal?" nos convida a uma profunda reflexão teológica sobre a natureza do conhecimento e a vontade divina. Adão e Eva já possuíam o conhecimento do bem, vivendo em harmonia com Deus no Éden. O desejo de conhecer o mal pode ser interpretado como uma busca por autonomia, uma tentativa de se igualar a Deus em discernimento.

Essa busca, no entanto, revela uma profunda incompreensão da natureza divina e do propósito da criação. O conhecimento do mal não era necessário para a plenitude da existência humana, mas sim um desvio do plano original de Deus. A inocência perdida no Éden representava uma comunhão perfeita com o Criador, uma condição que a humanidade, em sua arrogância, abandonou em busca de uma sabedoria que não lhe pertencia.

Inocência original

Estado de comunhão perfeita com Deus, livre do conhecimento do mal.

Tentação da autonomia

Desejo humano de igualar-se a Deus em conhecimento e discernimento.

Consequências da desobediência

Perda da inocência e ruptura na relação com Deus, levando à expulsão do Éden.

Reflexão sobre o propósito divino

Questionamento sobre a necessidade do conhecimento do mal na criação divina.

A expulsão do Éden e suas consequências

A expulsão de Adão e Eva do Jardim do Éden marca um ponto crucial na narrativa bíblica. Esse evento não apenas altera a relação entre Deus e a humanidade, mas também transforma drasticamente a própria natureza da existência humana. A terra, outrora fértil e generosa, torna-se amaldiçoada por causa da desobediência de Adão.

Essa maldição sobre a terra não é apenas um castigo, mas também um reflexo da ruptura na ordem divina. O trabalho, que antes era uma expressão de parceria com Deus na criação, torna-se árduo e penoso. A harmonia original entre o homem e a natureza é substituída por uma luta constante pela sobrevivência. Essa nova realidade serve como um lembrete constante das consequências do pecado e da necessidade de redenção.

O nascimento de Caim e Abel: o início da história humana

O nascimento de Caim e Abel, filhos de Adão e Eva, marca o início da história humana fora do Éden. Esse evento é significativo não apenas como o começo da procriação humana, mas também como o princípio das relações familiares e sociais em um mundo pós-queda.

Caim, o primogênito, e Abel, seu irmão, representam as primeiras expressões da diversidade humana. Suas diferentes ocupações — Caim como lavrador e Abel como pastor — simbolizam o início da divisão do trabalho e o desenvolvimento das primeiras estruturas sociais. O relato de Caim e Abel nos convida a refletir sobre como as primeiras gerações humanas começaram a construir uma sociedade e a se relacionar com Deus em um mundo marcado pelas consequências do pecado.

Criação

Adão e Eva são criados à imagem e semelhança de Deus, vivendo em perfeita harmonia no Éden.

QUEDA

A desobediência leva à expulsão do Éden e à maldição sobre a terra.

NASCIMENTO DE CAIM E ABEL

Os primeiros filhos de Adão e Eva nascem, iniciando a história humana fora do Éden.

DESENVOLVIMENTO SOCIAL

Caim e Abel desenvolvem diferentes ocupações, marcando o início da divisão do trabalho e estruturas sociais.

O CONFLITO ENTRE CAIM E ABEL: PRIMEIRA VIOLÊNCIA HUMANA

O relato bíblico do conflito entre Caim e Abel apresenta um momento sombrio na história da humanidade: o primeiro assassinato. Esse evento trágico revela as profundas consequências do pecado na natureza humana e nas relações interpessoais. A prevalência de Caim sobre Abel, resultando na morte de Abel, marca uma escalada dramática na deterioração moral da humanidade.

Esse ato de violência não apenas destrói a vida de Abel, mas também transforma Caim em um fugitivo e errante. O conflito entre os irmãos pode ser visto como um reflexo da luta interna da humanidade entre o bem e o mal, agora conhecidos após a queda. A reação de Deus a este ato — punindo Caim, mas também lhe oferecendo proteção — demonstra a complexidade da justiça divina, que combina julgamento com misericórdia.

35

O NASCIMENTO DE SETE: UMA NOVA ESPERANÇA

O nascimento de Sete, aos 130 anos de Adão, representa um momento crucial na narrativa bíblica. Descrito como sendo à semelhança e conforme a imagem de Adão, Sete simboliza uma renovação da esperança divina para a humanidade. O nascimento de Sete marca o início de uma nova linhagem, distinta da de Caim, que carregava o peso do primeiro assassinato.

A descrição de Sete como imagem e semelhança de Adão, que por sua vez foi criado à imagem e semelhança de Deus, sugere uma continuidade do propósito divino original. A imagem de Deus não é meramente genealógica, mas profundamente teológico. Ele indica que, apesar da queda e suas consequências, a imagem de Deus na humanidade não foi completamente perdida. Sete representa uma nova oportunidade para a humanidade se alinhar com o plano divino.

Caim

Primeiro filho de Adão e Eva, Caim representa a linhagem marcada pelo primeiro pecado e violência.

Abel

Segundo filho, cuja vida foi tirada, simbolizando a inocência perdida e as consequências do pecado.

Sete

Nascido após a morte de Abel, Sete representa uma nova esperança e a continuidade da linhagem divina.

A genealogia de Adão: "O livro das gerações"

O capítulo 5 do Gênesis, introduzindo "O livro das gerações de Adão", marca uma transição significativa na narrativa bíblica. Esse registro genealógico não é apenas uma lista de nomes, mas um testemunho da continuidade do propósito divino por meio das gerações humanas. A repetição da frase "à semelhança de Deus o fez" reafirma a dignidade original conferida à humanidade na criação.

Essa genealogia serve como uma ponte entre a criação original e as gerações subsequentes, enfatizando a transmissão não apenas da vida biológica, mas também da imagem divina. Cada nome listado carrega consigo a responsabilidade de refletir essa imagem, apesar das consequências do pecado. Esse registro também estabelece uma linha temporal, conectando a criação aos eventos posteriores da história bíblica e preparando o cenário para a narrativa do dilúvio e a subsequente aliança com Noé.

Adão

Criado à imagem de Deus, pai da humanidade.

Sete

Filho à semelhança de Adão, nova esperança.

Enos

Filho de Sete, continuação da linhagem fiel.

Gerações seguintes

Continuidade da imagem divina por meio do tempo.

Reflexões finais: a semente de redenção

A narrativa bíblica dos primeiros capítulos do Gênesis, culminando com o nascimento de Sete e Enos, estabelece o fundamento para a história da redenção. A menção de que *a Sete mesmo também nasceu um filho; e chamou o seu nome Enos*, não é apenas um detalhe genealógico, mas um ponto de virada espiritual. É nesse momento que, segundo o texto bíblico, *se começou a invocar o nome do Senhor*.

Essa invocação do nome do Senhor marca o início de uma nova era na relação entre Deus e a Humanidade. Apesar da queda, da violência de Caim e das dificuldades enfrentadas fora do Éden, a linhagem de Sete representa uma semente de esperança. Por meio desta linhagem, Deus continuaria seu plano de redenção, culminando eventualmente na vinda do Messias. Assim, mesmo em meio às consequências do pecado, vemos os primeiros vislumbres do plano divino de restauração e reconciliação.

A repetição da frase "à semelhança de Deus o fez" reafirma a dignidade original conferida à humanidade na criação.

Essa genealogia serve como uma ponte entre a criação original e as gerações subsequentes, enfatizando a transmissão não apenas da vida biológica, mas também da imagem divina. Cada nome listado carrega consigo a responsabilidade de refletir essa imagem, apesar das consequências do pecado. Este registro também estabelece uma linha temporal, conectando a criação aos eventos posteriores da história bíblica, e preparando o cenário para a narrativa do dilúvio e a subsequente aliança com Noé.

Adão

Criado à imagem de Deus, pai da humanidade.

Sete

Filho à semelhança de Adão, nova esperança.

Enos

Filho de Sete, continuação da linhagem fiel.

Gerações seguintes

Continuidade da imagem divina por meio do tempo.

Reflexões finais: a semente de redenção

A narrativa bíblica dos primeiros capítulos do Gênesis, culminando com o nascimento de Sete e Enos, estabelece o fundamento para a história da redenção. A menção de que "a Sete mesmo também nasceu um filho; e chamou o seu nome Enos" não é apenas um detalhe genealógico, mas um ponto de virada espiritual. É neste momento que, segundo o texto bíblico, "se começou a invocar o nome do Senhor".

Esta invocação do nome do Senhor marca o início de uma nova era na relação entre Deus e a humanidade. Apesar da queda, da violência de Caim, e das dificuldades enfrentadas fora do Éden, a linhagem de Sete representa uma semente de esperança. Por meio desta linhagem, Deus continuaria seu plano de redenção, culminando eventualmente na vinda do Messias. Assim, mesmo em meio às consequências do pecado, vemos os primeiros vislumbres do plano divino de restauração e reconciliação.

36

A GENEALOGIA BÍBLICA E A COMUNHÃO COM DEUS

A genealogia bíblica desde Adão até Noé, destacam-se figuras importantes como Enos, Cainã, Maalalel, Járede, Enoque, Matusalém e Lameque. A genealogia enfatiza a importância da comunhão com Deus e como certas figuras se acentuaram, em suas gerações, por sua fé e pelo relacionamento com o Criador.

De Enos a Járede

- *E viveu Enos 90 anos e gerou a Cainã* (Gênesis 5:9) — o quarto depois de Adão. Da mesma forma, Cainã gerou filhos e filhas, mas tem um que se destacou nessa geração.
- *E viveu Cainã 70 anos e gerou a Maalalel* (Gênesis 5:12) — o quinto depois de Adão. Maalalel também gerou filhos e filhas, mas só um foi referencial na geração.
- *E viveu Maalalel 65 anos e gerou a Járede* — o sexto depois de Adão. Jarede também gerou filhos e filhas, mas somente um fez a diferença na geração (Gênesis 5:15).
- *E viveu Járede 162 anos e gerou a Enoque* (Gênesis 5:18).

Enos: viveu 90 anos e gerou Cainã (Gênesis 5:9).

Cainã: viveu 70 anos e gerou Maalalel (Gênesis 5:12).

Maalalel: viveu 65 anos e gerou Járede (Gênesis 5:15).

Járede: viveu 162 anos e gerou Enoque (Gênesis 5:21).

Enoque e sua comunhão com Deus

Enoque é o sétimo depois de Adão. Quando Enoque nasceu, Adão estava com 642 anos. Quando Enoque estava com 75 anos, gerou Matusalém. Depois do nascimento de Matusalém, a Bíblia relata que Enoque começou a andar com Deus. Ele andou com Deus 300 anos e Deus o tomou para si.

Adão estava com 707 anos, com certeza ele ouviu falar sobre Enoque e sobre a comunhão que Enoque tinha com Deus. Enoque era referência na sua geração. O verbo "andar com deus" no hebraico é וַיִּתְהַלֵּךְ.

Transliteração: hithalech

Tradução: andar; andar lado a lado com Deus.

Enoque marcou a sua geração, ele é a figura da Igreja do nosso Senhor Jesus, para aqueles que querem andar na Sua presença. O Senhor tomara para si.

Matusalém e Lameque

Agora, vamos pensar. O filho de Enoque, Matusalém, está informado que o Criador tomou o seu pai para si, por causa da grande comunhão que ele tinha com o Eterno. Com certeza, a vida de Matusalém será uma referência para sua geração. Podemos destacar três motivos para isso: primeiro, por ser filho de Enoque, um homem que foi arrebatado por Deus (Gênesis 5:24); segundo, por ser pai de Lameque, que, por sua vez, geraria Noé; e terceiro, porque seu legado continuaria através de seu descendente, que também se tornaria uma grande referência em sua geração: *E viveu Matusalém cento e oitenta e sete anos; e gerou a Lameque* (Genesis 5:25-29).

Precisamos analisar uma coisa: se com 80 anos Matusalém já tinha Lameque, então Lameque já era nascido quando Enoque foi arrebatado. Ele sabe de tudo que aconteceu com seu avô Enoque. Adão estava com 894 anos, quem sabe Lameque foi à casa de Adão para ter mais informação a respeito do relacionamento que Adão tinha com o Criador e patriarca. Quem sabe ele ouviu o relato de que o homem que o Eterno fez com suas próprias mãos foi expulso do Éden e que o Senhor amaldiçoou a terra após esse acontecimento.

Lameque também foi uma referência em sua geração: *E viveu Lameque 182 e gerou um filho* (Gênesis 5:28).

O nascimento de Noé

Deu-lhe o nome Noé (Noah), dizendo: *este nos consolará acerca de nossas obras, e do trabalho de nossas mãos, por causa da terra que o senhor amaldiçoou* (Gênesis 5:29). Lameque dá esse nome ao seu filho na esperança da promessa divina. Noé significa descanso/repouso, esse nome tem uma representatividade tanto na geração de Noé como na nossa geração.

Lameque coloca o nome no seu filho com esse grande significado por causa de uma revelação divina. O mundo daquela época estava se distanciando dos seus valores morais e daquilo que o Senhor o chamou para realizar na terra. Lameque estava preocupado com sua geração, ele tinha visto seu avô tendo uma estreita comunhão com o Criador, dessa forma, Lameque criou uma expectativa em relação ao seu filho: Noé também andaria com Deus.

Significado do nome

Noé (Noah) significa descanso, repouso.

Revelação divina

O nome foi dado por revelação divina a Lameque.

Expectativa

Lameque esperava que Noé andasse com Deus, assim como Enoque.

A geração de Noé

Devemos lembrar que todos eles, de Adão a Noé, tiveram filhos e filhas e que nem todos eram da geração de adoradores que buscava a Deus. Lameque também teve filhos e filhas: *E viveu Lameque, depois que gerou a Noé, 595 anos, e gerou filhos e filhas* (Gênesis 5:30), mas eles não pertenceram ao que invocava o nome do Senhor, e naqueles dias o mundo estava tão corrompido, que somente Noé, sua esposa e seus filhos estavam vivendo na busca da sinceridade ao Senhor. Essas são as gerações de Noé: Noé era varão justo e reto em suas gerações, *Noé andava com Deus* (Gênesis 6:9).

A geração que busca a Deus

> *Quem subirá ao monte do Senhor ou quem estará no seu lugar santo? Aquele que tem mãos limpas e coração puro, que não entrega a sua alma à vaidade, nem jura enganosamente. Este receberá a bênção do Senhor e a justiça do Deus da sua salvação. Esta é a geração daqueles que buscam, daqueles que buscam a tua face, ó Deus de Jacó* (selá). (Salmos 24:3-6)

Mãos limpas

Aquele que tem mãos limpas pode subir ao monte do Senhor.

Coração puro

É necessário ter coração puro para estar no lugar santo de Deus.

Busca sincera

A geração que busca sinceramente a face de Deus receberá sua bênção.

A linhagem de adoradores

A geração que começou a buscar o Criador foi a de Enos, nós já estamos no décimo depois de Adão, já faz 146 anos que Adão morreu. E o Senhor observa que aqui na terra ele tem um regente, um representante, à sua imagem e semelhança.

Enos

Início da geração que busca o Criador.

Enoque

Andou com Deus e foi arrebatado.

Noé

Varão justo e reto em suas gerações.

37

A JORNADA DA REDENÇÃO: DE NOÉ A CRISTO

Examinaremos as escrituras, conhecendo a fascinante jornada da redenção humana, traçando uma linha desde Noé até Jesus Cristo. Examinaremos o significado profundo dos nomes hebraicos, a promessa de consolo dada a Noé e como essa promessa se cumpre em Jesus. Por meio de uma análise detalhada das Escrituras, veremos como o plano de Deus para a humanidade se desenrola ao longo das gerações, culminando na obra redentora de Cristo.

O SIGNIFICADO DO NOME DE NOÉ

O nome "Noé" (Noah, em hebraico) carrega um significado profundo que ecoa por meio das gerações. Em Gênesis 5:29, Lameque, pai de Noé, profetiza: *Este nos consolará acerca de nossas obras e do trabalho de nossas mãos, por causa da terra que o Senhor amaldiçoou.* Essa declaração estabelece Noé como um portador de esperança e de consolo para a humanidade.

O verbo hebraico "nitan" (נָתַן) e sua forma "lehinaten" (לְהִנָּתֵן) estão intimamente ligados nas palavras, "ser dado" ou "ser estabelecido", esses termos refletem o papel de Noé como aquele que foi estabelecido por Deus para trazer alívio à humanidade. Essa designação divina prepara o terreno para a futura vinda do Messias, o verdadeiro Consolador.

PROFECIA DE LAMEQUE

Lameque nomeia seu filho Noé, profetizando que ele trará consolo.

NOÉ COMO CONSOLADOR

Noé cumpre parcialmente a profecia ao sobreviver ao dilúvio e ao recomeçar a humanidade.

Cumprimento em Cristo

Jesus, descendente de Noé, traz o verdadeiro e eterno consolo à humanidade.

O temor e o respeito pelos descendentes de Noé

Após o dilúvio, Deus estabelece uma nova ordem na criação. Em Gênesis 9, o Senhor declara a Noé: *"E o temor de vós e o pavor de vós virão sobre todo o animal da terra, e sobre toda a ave dos céus"*. O termo hebraico utilizado aqui é "mora umoraakhem" (מוֹרָאִים), que denota medo, temor, respeito e reverência.

Essa declaração divina do capítulo 9:2 não apenas estabelece uma hierarquia na criação, mas também reflete a responsabilidade dada ao homem como mordomo da criação de Deus. Noé e seus descendentes são investidos de autoridade, mas essa autoridade vem acompanhada da responsabilidade de cuidar e de administrar sabiamente a criação divina. Esse princípio de mordomia e respeito mútuo entre as criaturas de Deus continua sendo relevante até os dias de hoje, chamando-nos a uma relação equilibrada e responsável com o mundo natural.

A linhagem de Noé a Abraão

A genealogia de Noé a Abraão, detalhada em Gênesis 11, não é apenas uma lista de nomes, mas um testemunho da fidelidade de Deus em preservar a linhagem por meio da qual viria o Messias. Cada geração representa um elo vital na cadeia divina de promessa e cumprimento.

De Sem a Terá, pai de Abraão, vemos dez gerações que atravessaram séculos de história humana. Cada nome nessa linhagem carrega sua própria história e significado, contribuindo para o grande plano de Deus. Essa genealogia não apenas traça a ancestralidade física de Cristo, mas também demonstra a paciência e a precisão do plano divino, no qual cada vida tem um propósito no desdobramento da redenção.

Noé

O patriarca do novo começo após o dilúvio.

Sem

Filho escolhido de Noé, abençoado para ser ancestral do Messias.

Abraão

O pai da fé, com quem Deus estabelece a aliança messiânica.

Cristo

O cumprimento final da promessa, trazendo redenção à humanidade.

O cumprimento da promessa em Cristo

A promessa feita a Noé encontra seu pleno cumprimento em Jesus Cristo. As palavras de Jesus em Mateus 11:28-30 ecoam profundamente o significado do nome de Noé: *"Vinde a mim, todos os que estais cansados e oprimidos, e eu vos aliviarei"*. O convite de Jesus não se limita apenas ao alívio do fardo da lei religiosa de sua época, mas estende-se a um descanso espiritual profundo e eterno.

Cristo, como o verdadeiro "Noé" (consolador), oferece não apenas um alívio temporário, mas uma restauração completa da relação entre Deus e a humanidade. Ele cumpre a profecia de Isaías 61:1-4, trazendo boas novas aos pobres, liberdade aos cativos e consolação aos que choram. Jesus é a personificação do descanso prometido, oferecendo uma paz que transcende as circunstâncias terrenas e alcança a eternidade.

Promessa a Noé

Consolo e alívio do trabalho árduo devido à maldição.

Cumprimento em Cristo

Redenção completa, restauração espiritual e descanso eterno.

Resultado

Paz com Deus, libertação do pecado e esperança eterna.

O sofrimento de Cristo para nosso descanso

O profeta Isaías, em seu capítulo 53, oferece uma visão profunda do sofrimento vicário de Cristo, necessário para proporcionar o verdadeiro descanso à humanidade: *Mas ele foi ferido por causa das nossas transgressões, e moído por causa das nossas iniquidades; o castigo que nos traz a paz estava sobre ele, e pelas suas pisaduras fomos sarados* (Isaías 53:5).

O sacrifício de Cristo é a chave para entendermos a profundidade do descanso que Ele oferece. Não é apenas um alívio temporário, mas uma transformação radical da nossa condição espiritual. Por meio de Seu sofrimento, Jesus carregou o peso do pecado que nos separava de Deus desde o Éden. Ele enfrentou a morte para que pudéssemos ter vida, e vida em abundância. Esse é o descanso supremo: a restauração da comunhão com Deus e a libertação do fardo do pecado.

A VERDADE QUE LIBERTA

Jesus declarou em João 8:32: *"E conhecereis a verdade, e a verdade vos libertará"*. Essa afirmação poderosa está intrinsecamente ligada ao conceito de descanso e alívio prometido desde Noé. A verdade a que Jesus se refere não é meramente um conjunto de fatos, mas o reconhecimento e a aceitação de Sua pessoa e obra redentora.

Conhecer essa verdade implica em uma transformação profunda do ser. É compreender não apenas intelectualmente, mas experienciar a realidade do amor de Deus manifestado em Cristo. Essa verdade liberta do peso do pecado, da culpa, do medo e da condenação. Ela restaura a identidade original do ser humano como filho de Deus, proporcionando um descanso que vai além das circunstâncias externas, ancorando a alma na segurança eterna do amor divino.

LIBERTAÇÃO DO PECADO

A verdade de Cristo liberta da escravidão do pecado e de seus efeitos destrutivos.

RESTAURAÇÃO DA IDENTIDADE

Conhecer a verdade restaura nossa identidade como filhos amados de Deus.

PAZ INTERIOR

A verdade traz uma paz que transcende o entendimento, proporcionando descanso à alma.

PROPÓSITO RENOVADO

Libertos pela verdade, encontramos um novo propósito alinhado com o plano de Deus.

O DESCANSO ETERNO E A RESTAURAÇÃO FINAL

A jornada iniciada com a promessa dada a Noé encontra sua culminação na esperança do descanso eterno e na restauração final prometida por Cristo. Paulo, em 1 Coríntios 15:35-56, fala da transformação gloriosa que aguarda os crentes: a mudança do corpo corruptível para o incorruptível. Essa transformação representa a restauração completa do que foi perdido no Éden.

O livro do Apocalipse pinta um quadro vívido dessa restauração final: *E Deus limpará de seus olhos toda lágrima; e não haverá mais morte, nem pranto, nem clamor, nem dor; porque já as primeiras coisas são passadas* (Apocalipse 21:4). Esse é o cumprimento supremo do descanso prometido desde Noé — um estado de harmonia perfeita com Deus, livre de todo sofrimento e morte. Na nova criação, o desígnio original de Deus para a humanidade é plenamente realizado, oferecendo um descanso eterno e uma alegria inefável na presença do Criador.

38

O HOMEM: PARTE CELESTIAL E PARTE HUMANA

Nesta análise dentro das sagrada Escritura, exploraremos a dualidade da natureza humana, revelando como o homem foi criado à imagem e semelhança de Deus, mas também carrega a capacidade de se distanciar da origem celestial. A jornada do homem é apresentada, desde a sua criação até a perda e a restauração da sua natureza celestial.

Como Deus formou o homem?

A narrativa da criação no livro de Gênesis nos revela o processo da formação do homem. Deus, em sua infinita sabedoria e poder, decidiu criar o homem à sua própria imagem, concedendo-lhe a capacidade de refletir a sua glória e caráter. O texto bíblico descreve Deus como o "oleiro" e o homem como o "vaso", moldado com cuidado e intenção divina.

No início, Deus criou o homem do pó da terra, dando-lhe forma e vida. Esse ato simboliza a conexão do homem com o mundo físico, sua natureza terrena. Mas Deus não se contentou apenas com um corpo físico. Ele soprou em suas narinas o sopro de vida, conferindo ao homem uma alma, um espírito e a capacidade de ter uma relação pessoal com o Criador.

O homem e sua origem celestial

O homem, como criatura de Deus, possui uma herança celestial. Foi criado à imagem e semelhança do Criador, o que significa que ele foi dotado de características divinas, como amor, justiça, sabedoria e poder. Essa natureza celestial o coloca em harmonia com Deus, permitindo-lhe desfrutar de uma comunhão plena e perfeita com o seu Criador.

A origem celestial conferiu ao homem um propósito e uma missão. Ele foi criado para ser um administrador da criação de Deus, um governante sobre a terra, em comunhão com o Criador e com todos os seres vivos. Essa nobre missão é expressão do seu caráter divino.

Corpo, alma e espírito

A natureza humana é complexa e multifacetada, composta por três dimensões: corpo, alma e espírito. O corpo é a nossa parte física, visível aos olhos, e é composto de carne, ossos e sangue. A alma é a parte imaterial que abrange nossa mente, emoções e vontade. É responsável pelos nossos pensamentos, sentimentos, decisões e ações. O espírito é a parte mais profunda do nosso ser, a que nos conecta a Deus, nos permite ter uma relação com o Criador e nos dá a capacidade de receber a sua presença e graça.

Corpo

A parte física do homem, que é visível e está sujeito às leis da natureza.

Alma

A parte imaterial que abrange a mente, as emoções e a vontade, sendo responsável por nossos pensamentos, sentimentos, decisões e ações.

Espírito

A parte mais profunda do nosso ser, que nos conecta a Deus, permite uma relação com o Criador e a capacidade de receber a sua presença e graça.

O corpo, a alma e o espírito são interdependentes e trabalham em harmonia. É por meio do corpo que a alma experimenta o mundo físico e o espírito se manifesta. Por meio da alma, o corpo é guiado e controlado e o espírito é alimentado e fortalecido. E é por meio do espírito que o homem se conecta com Deus, reconhece sua verdadeira identidade e propósito e encontra a paz e a satisfação genuínas.

Imagem e semelhança de Deus

Ser criado à imagem e semelhança de Deus não significa que o homem seja uma cópia perfeita do Criador, mas sim que ele foi dotado de atributos divinos. O homem foi feito para refletir a glória, a sabedoria, o amor e o poder de Deus. Ele foi criado com a capacidade de pensar, amar, criar e governar. Essa capacidade de refletir a imagem de Deus permitia que o homem tivesse um relacionamento com o Criador e vivesse em comunhão com ele.

A semelhança com Deus se manifestava no coração do homem, em sua capacidade de amar, perdoar, ter compaixão e justiça. Sua mente, capaz de criar, descobrir e solucionar problemas, refletia a inteligência e a sabedoria divina. Sua capacidade de governar e cuidar da criação espelhava a autoridade e o poder de Deus.

No entanto, essa capacidade de refletir a imagem de Deus não era imutável, pois o homem tinha livre-arbítrio, a capacidade de escolher e agir por conta própria. Essa liberdade de escolha trazia consigo a possibilidade de se desviar do caminho de Deus, o que traria consequências para sua própria vida e para o relacionamento com o Criador.

A perda da origem celestial

O pecado, a desobediência à vontade de Deus, causou uma ruptura na relação entre o homem e o Criador. A desobediência resultou em uma separação, um afastamento da origem celestial. O homem, que antes vivia em plena harmonia com Deus, agora se encontrava separado da fonte de vida e amor. Essa separação resultou em um estado de alienação, de sofrimento e de morte espiritual.

A queda

A decisão do homem de desobedecer a Deus, a escolha de seguir seu próprio caminho, quebrou a comunhão perfeita com o Criador.

Consequências

A separação de Deus resultou em sofrimento, fragilidade, doenças e a entrada da morte no mundo. O homem perdeu a pureza e a perfeição originais, tornando-se suscetível ao pecado e à corrupção.

Alienação

O homem se alienou de Deus, da natureza e de si mesmo. Sua natureza celestial foi obscurecida e sua alma foi ferida.

Perda da glória

A imagem de Deus no homem ficou distorcida e sua capacidade de refletir a glória e a perfeição do Criador foi enfraquecida.

A perda da origem celestial teve consequências profundas e duradouras para a humanidade. O homem, criado para viver em comunhão com Deus, agora se encontrava em um estado de separação e sofrimento. Essa situação, porém, não representa o fim da história, pois Deus, em seu amor infinito, planejou um caminho de restauração para a humanidade.

A restauração da origem celestial

Deus, movido por um amor incondicional, não abandonou a humanidade. Ele planejou uma forma de restabelecer a comunhão perdida, de reconciliar o homem com sua origem celestial. Essa restauração se daria por meio de um plano de redenção, um ato de sacrifício e graça.

O plano de redenção

Deus, em sua infinita misericórdia, enviou o seu filho, Jesus Cristo, para se tornar homem e morrer na cruz, pagando o preço pelo pecado da humanidade.

A nova aliança

Por meio da morte e da ressurreição de Jesus, uma nova aliança foi estabelecida entre Deus e a humanidade, um caminho para restaurar a comunhão perdida.

O Espírito Santo

O Espírito Santo foi enviado para habitar no coração daqueles que creem em Jesus, restaurando a imagem de Deus no homem, renovando sua natureza espiritual e guiando-o de volta para a comunhão com o Pai.

A restauração da origem celestial é um processo contínuo, um caminho de santificação que envolve a transformação da mente, do coração e da vontade do homem. É um processo de crescimento espiritual que se dá por meio da fé, da obediência e da comunhão com Deus.

Conclusão

O homem, como criatura de Deus, foi criado à imagem e semelhança do Criador. Ele possuía uma natureza celestial e uma missão sagrada, mas a desobediência ao Criador causou uma ruptura na comunhão perfeita. A perda da origem celestial resultou em separação, sofrimento e morte espiritual. No entanto, Deus, movido por seu amor incondicional, planejou um caminho de restauração por meio de Jesus Cristo, abrindo um novo caminho para o homem recuperar sua natureza celestial e restaurar sua comunhão com Deus.

A jornada do homem é marcada por essa dualidade: sua natureza terrena e celestial. Por meio do arrependimento, da fé e da graça de Deus, o homem pode se reconciliar com sua origem celestial, buscando viver uma vida que reflita a imagem de Deus e participe da missão de servir ao Criador e amar ao próximo.

39

A HISTÓRIA DE NOÉ: UM PLANO DIVINO PARA A HUMANIDADE

A história de Noé é um testemunho poderoso do plano de Deus para a humanidade. Este documento explora a importância de Noé na Bíblia, sua obediência a Deus e como sua história se conecta com o propósito divino para o mundo. Veremos como Noé encontrou graça aos olhos do Senhor, recebeu instruções para construir a arca e foi escolhido para liderar um novo começo para a humanidade após o dilúvio.

Noé: o homem que achou graça aos olhos do Senhor

Em um mundo corrompido pelo pecado, Noé se destacou como um homem justo e íntegro. A Bíblia nos diz em Gênesis 6:8: *Noé, porém, achou graça aos olhos do Senhor*. Essa afirmação simples carrega um peso imenso, pois demonstra que, mesmo em meio à maldade generalizada, Deus encontrou um coração fiel.

A graça que Noé encontrou não foi apenas um favor passageiro, mas uma profunda aprovação divina que o colocou no centro do plano de Deus para salvar a humanidade. Essa graça não era merecida, mas concedida por Deus em Sua misericórdia, prefigurando a graça que mais tarde seria oferecida a toda a humanidade por meio de Jesus Cristo.

Fé inabalável

Noé demonstrou uma fé extraordinária ao obedecer a Deus, mesmo quando as circunstâncias pareciam absurdas.

Obediência incondicional

Ele seguiu as instruções de Deus meticulosamente, construindo a arca conforme as especificações divinas.

Testemunho persistente

Durante anos, Noé pregou arrependimento, mesmo enfrentando zombaria e rejeição de seus contemporâneos.

A construção da arca: um ato de fé e obediência

O Senhor ordenou a Noé que construísse uma arca, uma tarefa monumental que exigia não apenas habilidade, mas uma fé incomparável. A arca não era apenas uma embarcação, mas um símbolo da salvação de Deus e um testemunho da obediência de Noé.

A arca em si era importante, mas o verdadeiro foco estava em seu propósito e em quem estaria dentro dela. Noé e sua família representavam o remanescente fiel por meio do qual Deus preservaria a humanidade. A construção da arca foi um processo longo e árduo, durante o qual Noé enfrentou dúvidas, zombarias e desafios, mas permaneceu fiel ao seu chamado.

Recebimento das instruções

Deus revela a Noé Seu plano para o dilúvio e fornece instruções detalhadas para a construção da arca.

Coleta de materiais

Noé reúne madeira de gofer, betume e outros materiais necessários para a construção.

Construção da arca

Ao longo de décadas, Noé e sua família trabalham diligentemente na construção da arca, seguindo as especificações divinas.

Pregação e testemunho

Durante a construção, Noé prega arrependimento e adverte sobre o juízo vindouro.

Conclusão e entrada na arca

A arca é finalizada e Noé, sua família e os animais entram, conforme a ordem de Deus.

O projeto de Deus para a humanidade em Noé

Em Noé, vemos o desenrolar do projeto fascinante de Deus para a humanidade. Mesmo diante do juízo do dilúvio, Deus preservou um remanescente fiel por meio do qual Ele continuaria Seu plano de redenção. Isaías 43:13 nos lembra: *Ainda antes que houvesse dia, eu sou; e ninguém há que possa fazer escapar das minhas mãos; agindo eu, quem o impedirá?*

Esse versículo ressoa com a história de Noé, demonstrando a soberania incontestável de Deus sobre a história humana. Por meio de Noé, Deus não apenas preservou a vida física, mas também Seu propósito eterno de estabelecer um relacionamento com a humanidade. A arca se torna, assim, um símbolo poderoso da salvação divina e um prenúncio da redenção final que viria por meio de Cristo.

A grandeza e sabedoria incomparáveis de Deus

Isaías 40:12-18 nos oferece uma visão impressionante da grandeza e sabedoria de Deus, contextualizando a história de Noé dentro do vasto panorama do poder divino. Esse texto poético nos lembra que o Deus que salvou Noé é o mesmo que mede as águas na concha de Sua mão e toma a medida dos céus com os palmos.

A magnitude do dilúvio e a precisão das instruções para a arca são apenas vislumbres da sabedoria infinita de Deus. Quando contemplamos a história de Noé, somos convidados a nos maravilhar com um Deus cuja compreensão está além de nossa capacidade de entender plenamente. Essa reflexão deve nos levar a uma atitude de humildade e adoração, reconhecendo que o Deus que guiou Noé por meio do dilúvio é o mesmo que guia nossas vidas hoje.

Poder criativo

Deus, que criou o universo, tem poder para recriar e renovar todas as coisas, como fez após o dilúvio.

Sabedoria insondável

Seus planos e propósitos, embora às vezes misteriosos para nós, são perfeitos e culminam na redenção da humanidade.

Soberania absoluta

Nada está fora do controle de Deus, Ele governa sobre todas as nações e eventos da história.

A PROFUNDIDADE DAS RIQUEZAS DE DEUS

Romanos 11:33-36 nos convida a contemplar a profundidade das riquezas, tanto da sabedoria como da ciência de Deus. Esse texto, quando aplicado à história de Noé, nos ajuda a compreender que o plano de Deus para salvar a humanidade por meio de uma única família era parte de um desígnio muito maior e mais profundo do que poderíamos imaginar.

Os caminhos de Deus são inescrutáveis, e Seus juízos, insondáveis. A decisão de destruir o mundo com um dilúvio, preservando apenas Noé e sua família, pode parecer severa aos olhos humanos. No entanto, essa passagem nos lembra que a mente do Senhor está além de nossa compreensão. A salvação de Noé e o subsequente recomeço da humanidade são testemunhos da graça e misericórdia de Deus operando em harmonia com Sua justiça perfeita.

Porque dele e por ele, e para ele, são todas as coisas; glória, pois, a ele eternamente. Amém (Romanos 11:36).

O MANDATO DIVINO PARA NOÉ: FRUTIFICAR E MULTIPLICAR

Após o dilúvio, Deus abençoou Noé e seus filhos com um mandato que ecoa a ordem original dada a Adão e Eva: *"Frutificai e multiplicai-vos e enchei a terra"* (Gênesis 9:1). Este comando não era apenas uma instrução para reprodução, mas uma renovação do propósito divino para a humanidade de governar e cuidar da criação de Deus.

O Senhor entregou a Noé a responsabilidade da regência e do governo da terra, assim como havia feito com Adão no início. Essa transferência de autoridade demonstra a confiança de Deus em Noé e sua descendência, e estabelece um novo começo para a humanidade sob a aliança de Deus. É um lembrete poderoso de que, apesar do juízo do dilúvio, o plano de Deus para a humanidade permanecer como mordomos de Sua criação continuava intacto.

RENOVAÇÃO DA TERRA

Noé e sua família começam a cultivar a terra renovada, simbolizando o recomeço da humanidade.

REPOVOAMENTO ANIMAL

Os animais saem da arca, representando a restauração da ordem natural e a diversidade da criação de Deus.

Adoração e gratidão

Noé constrói um altar para agradecer a Deus, estabelecendo um padrão de adoração para as gerações futuras.

O legado de Noé: um testemunho de fé para todas as gerações

O legado de Noé transcende o tempo, servindo como um testemunho duradouro de fé, obediência e confiança em Deus. Sua história não é apenas um relato histórico, mas um exemplo vivo de como Deus trabalha por meio de indivíduos fiéis para cumprir Seus propósitos eternos. Noé nos ensina que a verdadeira fé se manifesta na obediência, mesmo quando enfrentamos circunstâncias desafiadoras ou aparentemente impossíveis.

Além disso, a história de Noé prefigura a salvação que viria por meio de Jesus Cristo. Assim como Noé e sua família encontraram segurança na arca, nós encontramos salvação em Cristo. A arca se torna um símbolo poderoso da graça de Deus e de Seu desejo de resgatar a humanidade do juízo. Ao refletirmos sobre a vida de Noé, somos chamados a renovar nossa própria fé, confiando que o mesmo Deus que guiou Noé por meio do dilúvio continua a guiar Seu povo hoje, cumprindo Seu plano eterno de redenção.

Fé inabalável

Noé nos ensina a confiar em Deus mesmo quando Suas promessas parecem impossíveis.

Obediência radical

A vida de Noé exemplifica a importância de obedecer a Deus, independentemente das circunstâncias.

Perseverança

A construção da arca nos lembra a importância de perseverar na tarefa que Deus nos deu.

Esperança renovada

A história de Noé nos oferece esperança de que Deus sempre tem um plano de redenção.

40

A TERRA E SEUS HABITANTES PERTENCEM AO SENHOR

A profunda conexão entre o Antigo e o Novo Testamento, revelando a soberania de Deus sobre toda a criação e a jornada da humanidade em busca da redenção. Por meio de uma análise detalhada do Salmo 24 e de outras passagens bíblicas, examinaremos a relação entre o Criador e suas criaturas, a barreira do pecado e a esperança trazida pelo Rei da Glória.

A SOBERANIA DE DEUS SOBRE A CRIAÇÃO

O Salmo 24 inicia com uma declaração poderosa que ressoa por meio das eras: *Do Senhor é a terra e a sua plenitude, o mundo e aqueles que nele habitam*. Essa afirmação não é apenas uma proclamação de propriedade, mas um lembrete da intimidade e cuidado de Deus com Sua criação.

Ao contemplarmos a vastidão dos mares e a força dos rios, somos convidados a refletir sobre a magnitude do poder criativo de Deus. Cada montanha, cada vale, cada criatura vivente é um testemunho da Sua glória e sabedoria. Essa plenitude que os Salmos 24:1 nos apresenta, não é apenas física, mas inclui toda a riqueza da vida, da beleza e da diversidade que encontramos no mundo.

A MAJESTADE DA CRIAÇÃO

As montanhas e rios refletem a grandeza e o poder criativo de Deus, lembrando-nos de Sua soberania sobre toda a criação.

A PLENITUDE DA VIDA

A diversidade e a complexidade da vida na Terra são um testemunho da sabedoria e do cuidado de Deus com Sua criação.

A barreira entre o homem e Deus

Apesar de sermos criaturas de Deus, o salmista nos lembra que nem todos têm o direito de entrar na presença do Senhor. A pergunta *quem subirá ao monte do Senhor?* (Salmos 24:3) ressoa como um desafio à nossa integridade espiritual. Essa barreira não é física, mas moral e espiritual, evidenciando a santidade de Deus e a imperfeição humana.

A pureza de coração e a limpeza de mãos não são meras formalidades, mas reflexos de uma vida alinhada com a vontade divina. É um chamado à autorreflexão e ao arrependimento sincero. Aqueles que cultivam essa integridade não apenas recebem bênçãos, mas também se tornam canais da justiça divina no mundo.

Pureza de coração

Reflete a sinceridade e a integridade interior, essenciais para se aproximar de Deus.

Limpeza de mãos

Simboliza ações justas e éticas, demonstrando uma vida em conformidade com os princípios divinos.

Ausência de vaidade

Indica humildade e reconhecimento da dependência de Deus, rejeitando a autossuficiência.

Veracidade

Compromisso com a verdade em palavras e ações, refletindo o caráter de Deus.

A realidade da desobediência humana

A Escritura nos revela uma verdade desafiadora: *Deus encerrou a todos debaixo da desobediência, para com todos usar de misericórdia* (Romanos 11:32). Essa declaração profunda nos confronta com a universalidade do pecado e a incapacidade humana de alcançar a perfeição por esforços próprios.

A desobediência não é apenas uma falha individual, mas uma condição universal que afeta toda a humanidade. Esse estado de separação de Deus não é o fim da história, mas o pano de fundo para a manifestação da misericórdia divina. É nesse contexto que podemos compreender a profundidade do amor de Deus, que não nos abandona em nossa condição caída, mas providencia um caminho para a redenção.

Criação

Deus cria o homem à Sua imagem, estabelecendo uma relação perfeita.

Queda

A desobediência de Adão e Eva resulta na separação entre o homem e Deus.

Consequências

O pecado se espalha, afetando toda a humanidade e criação.

Promessa de redenção

Deus promete um Salvador, apontando para Sua misericórdia futura.

A incapacidade humana de autorredenção

A Bíblia é clara ao afirmar que [...] *nenhum deles, de modo algum, pode remir a seu irmão ou dar a Deus o resgate dele* (Salmos 49:7). Essa verdade ressalta a impossibilidade de alcançarmos a salvação por nossos próprios méritos ou esforços. A redenção da alma é descrita como "caríssima", um preço que está além dos recursos humanos.

Essa realidade da redenção da alma nos coloca em uma posição de total dependência da graça divina. Não podemos comprar, negociar ou conquistar nossa salvação. Ela é um dom que transcende qualquer capacidade humana. Essa verdade nos leva a uma profunda humildade e gratidão, reconhecendo que nossa esperança repousa inteiramente na misericórdia e no amor de Deus.

A entrada do pecado e suas consequências

O apóstolo Paulo, em Romanos 5:12, elucida a origem e a propagação do pecado: *Como por um homem entrou o pecado no mundo, e pelo pecado a morte, assim também a morte passou a todos os homens por isso que todos pecaram*. Essa passagem revela a profunda conexão entre a desobediência de Adão e a condição caída de toda a humanidade.

O pecado não é apenas uma série de atos errados, mas uma condição que afeta a essência de nossa existência. A morte, tanto física quanto espiritual, tornou-se uma realidade universal. O estado de separação de Deus não apenas nos afasta de nosso propósito original, mas também nos deixa incapazes de restaurar por nós mesmos a relação com o Criador.

Origem do pecado

A desobediência de Adão introduz o pecado no mundo, rompendo a harmonia original da criação.

Propagação universal

O pecado se estende a toda humanidade, afetando cada indivíduo e gerando uma separação de Deus.

Consequências

A morte física e espiritual torna-se uma realidade, alterando profundamente a experiência humana e a relação com o divino.

O Rei da Glória: a esperança da redenção

Em meio à realidade sombria do pecado e da separação, o Salmo 24 apresenta uma reviravolta dramática: a chegada do Rei da Glória: *Levantai, ó portas, as vossas cabeças; levantai-vos, ó entradas eternas, e entrará o Rei da Glória*. Essa proclamação anuncia a vinda daquele que tem autoridade para abrir os portões eternos.

O Rei da Glória é descrito como *O Senhor forte e poderoso, o Senhor poderoso na guerra* (Salmos 24:8). Essa linguagem evoca imagens de um libertador divino, capaz de vencer as forças do mal e do pecado que mantêm a humanidade cativa. É por meio do Rei da Glória que a humanidade destituída da glória de Deus encontra um caminho de volta à presença divina.

Anúncio do Rei

O Salmo proclama a chegada do Rei da Glória, trazendo esperança de redenção.

Abertura dos portões

Os portões eternos se abrem, simbolizando o acesso restaurado à presença de Deus.

Vitória divina

O Rei da Glória vence as forças do mal, quebrando o poder do pecado.

Redenção Humana

A humanidade é restaurada à glória de Deus por meio do Rei da Glória.

A nova geração: sacerdócio real e nação santa

O apóstolo Pedro proclama uma verdade transformadora: *Mas vós sois a geração eleita, o sacerdócio real, a nação santa, o povo adquirido, para que anuncieis as virtudes daquele que vos chamou das trevas para a sua maravilhosa luz* (1 Pedro 2:9). Essa declaração revela a nova identidade dos redimidos em Cristo.

Por meio do Rei da Glória, a barreira que separava a humanidade de Deus é removida. Aqueles que eram antes destituídos da glória de Deus agora se tornam uma geração santa, chamada não apenas para entrar na presença de Deus, mas para representar Seu caráter no mundo. Essa transformação não é baseada em méritos humanos, mas na obra redentora de Cristo, o verdadeiro Rei da Glória.

Realeza espiritual

Chamados a reinar com Cristo, exercendo autoridade espiritual.

Sacerdócio universal

Cada crente tem acesso direto a Deus e ministra Sua graça aos outros.

Identidade nacional

Unidos como um povo santo, representando o Reino de Deus na Terra.

Testemunhas da luz

Chamados a refletir e a proclamar a glória de Deus no mundo.

41

A JORNADA ESPIRITUAL DA HUMANIDADE: DE ADÃO A ENOS

Exploraremos a fascinante jornada espiritual da humanidade, desde Adão até Enos, destacando o momento crucial em que "se começou a invocar o nome do Senhor". Analisaremos as primeiras gerações mencionadas na Bíblia, suas relações com Deus e o significativo despertar espiritual que ocorreu com Enos, marcando o início de uma nova era de busca pelo Criador.

O AFASTAMENTO INICIAL DE DEUS

Após a criação de Adão e Eva, a humanidade experimentou um período de distanciamento de Deus. O afastamento tornou-se mais evidente após o assassinato de Abel por Caim, como relatado em Gênesis 4:8. Embora Abel tivesse o costume de buscar a Deus, oferecendo sacrifícios aceitáveis (Gênesis 4:4), o mesmo não pode ser dito de Caim após seu terrível ato.

Esse período de afastamento é sugerido pela ausência de menções explícitas à busca por Deus nas gerações seguintes. Mesmo Sete, o filho nascido para substituir Abel (Gênesis 4:25), não é descrito inicialmente como alguém que buscava ativamente a Deus, apesar de sua linhagem ser posteriormente associada à piedade.

CRIAÇÃO DE ADÃO E EVA

Deus cria o homem e a mulher à sua imagem e semelhança (Gênesis 1:27).

QUEDA E EXPULSÃO DO ÉDEN

Adão e Eva desobedecem a Deus e são expulsos do jardim (Gênesis 3:23-24).

NASCIMENTO DE CAIM E ABEL

Os primeiros filhos de Adão e Eva nascem (Gênesis 4:1-2).

Assassinato de Abel

Caim mata seu irmão Abel por inveja (Gênesis 4:8).

A importância de Sete na linhagem

Apesar da aparente falta de busca ativa por Deus nas primeiras gerações após Adão, Sete desempenha um papel crucial na linhagem que eventualmente levará a um despertar espiritual. Gênesis 5:3 nos diz: *E viveu Adão cento e trinta anos; e gerou um filho à sua semelhança, conforme a sua imagem, e chamou o seu nome Sete.*

A menção de Sete sendo gerado à semelhança e imagem de Adão sugere uma continuidade espiritual, mesmo que não esteja explicitamente declarada sua busca por Deus. A linhagem de Sete é frequentemente contrastada com a linhagem de Caim, representando uma linha mais piedosa da humanidade.

Semelhança divina

Sete é descrito como sendo à semelhança de Adão, que por sua vez foi criado à semelhança de Deus (Gênesis 1:27, 5:3).

Linhagem piedosa

A descendência de Sete é geralmente considerada a linhagem por meio da qual a fé em Deus foi preservada.

Ponte geracional

Sete serve como uma ponte crucial entre Adão e as gerações posteriores que buscariam a Deus mais ativamente.

Pai de Enos

Sete gera Enos, marcando o início de uma nova era de busca espiritual (Gênesis 4:26).

O despertar espiritual com Enos

O nascimento de Enos marca um ponto de virada na história espiritual da humanidade. Gênesis 4:26 declara: *E a Sete também nasceu um filho, e chamou o seu nome Enos; então se começou a invocar o nome do SENHOR.* Essa passagem é profundamente significativa, indicando um retorno deliberado à busca por Deus.

O nome "Enos", em hebraico, significa "homem" ou "humanidade", sugerindo que, com ele, a humanidade começou a reconhecer sua dependência de Deus e a necessidade de buscá-Lo. O de "invocar o nome do Senhor" implica não apenas em oração, mas em um reconhecimento público e coletivo de Deus, possivelmente incluindo adoração organizada e um compromisso mais profundo com a fé.

A geração que busca a face do Senhor

Com Enos, inicia-se uma geração que ativamente busca a face do Senhor. Essa busca não é apenas um retorno às práticas de Abel, mas um avanço significativo na relação entre a humanidade e Deus. O ato de "invocar o nome do Senhor" sugere uma compreensão mais profunda da natureza de Deus e da necessidade humana de conexão com o divino.

Essa geração que busca ao Senhor a partir de Enos se destaca por sua devoção consciente e intencional, contrastando com o aparente declínio espiritual das gerações anteriores. A busca por Deus se torna uma característica definidora, influenciando não apenas a vida individual, mas também a estrutura social e cultural da comunidade.

Oração fervorosa

A geração de Enos caracteriza-se por uma vida de oração intensa e regular.

Adoração coletiva

Surge uma cultura de adoração comunitária e reconhecimento público de Deus.

Busca por conhecimento

Há um esforço para entender e seguir os caminhos de Deus mais profundamente.

Comunidade de Fé

Forma-se uma sociedade baseada em valores espirituais compartilhados.

A linhagem de Adão a Cristo

A geração iniciada por Enos forma uma linhagem espiritual que se estende de Adão até Cristo. Essa linhagem é detalhada em Gênesis 5 e depois retomada no

Novo Testamento, em Mateus 1 e Lucas 3. Cada geração nessa linhagem contribui para a preservação da fé e para o cumprimento do plano divino de redenção.

Importantes figuras bíblicas fazem parte dessa linhagem, como Enoque, que *andou com Deus* (Gênesis 5:24), Noé, *o pregador da justiça* (2 Pedro 2:5), e Abraão, o *pai da fé* (Romanos 4:16). Essa sucessão de gerações manteve viva a promessa do Messias, culminando no nascimento de Jesus Cristo.

Adão

O primeiro homem, criado à imagem de Deus (Gênesis 1:27).

Sete

Filho de Adão, nascido após a morte de Abel (Gênesis 4:25).

Enos

Filho de Sete, em cujo tempo se começou a invocar o nome do Senhor (Gênesis 4:26).

Geração fiel

Incluindo figuras como Enoque, Noé e Abraão.

Jesus Cristo

O Messias prometido, cumprimento das profecias (Mateus 1:1-17).

Lições para a Igreja contemporânea

A história de Enos e o início da invocação do nome do Senhor oferece importantes lições para a Igreja contemporânea. Assim como houve um período de afastamento seguido por um despertar espiritual, a Igreja hoje é chamada a um constante reavivamento e busca por Deus.

A exemplo de Enos e sua geração, os cristãos são desafiados a cultivar uma fé ativa e influente, que impacte não apenas suas vidas individuais, mas toda a sociedade. A invocação do nome do Senhor deve ser mais do que uma prática religiosa; deve ser uma expressão de devoção genuína e um testemunho público da fé.

Busca intencional

Assim como a geração de Enos iniciou uma busca ativa por Deus, a Igreja hoje é chamada a buscar intencionalmente a presença e a vontade de Deus em todas as áreas da vida.

Testemunho público

A invocação pública do nome do Senhor nos lembra da importância do testemunho cristão na sociedade, sendo sal e luz no mundo (Mateus 5:13-16).

Continuidade da Fé

A linhagem de Adão a Cristo nos ensina sobre a importância de passar a fé para as próximas gerações, cultivando uma herança espiritual duradoura.

Conclusão: o chamado para uma nova geração

A história de Enos e o início da invocação do nome do Senhor nos desafia a sermos uma nova geração que busca ardentemente a Deus. Assim como aquele momento marcou um despertar espiritual na história da humanidade, somos chamados a iniciar um novo capítulo de devoção e compromisso com Deus em nosso tempo.

Que possamos, como Enos, ser conhecidos como aqueles que buscam a face do Senhor, que invocam seu nome com sinceridade e fervor e que transmitem esse legado de fé para as gerações futuras. Que nossa geração seja lembrada não apenas por suas conquistas terrenas, mas por sua paixão em conhecer, amar e servir a Deus, deixando um impacto duradouro na história espiritual da humanidade.

Conclusão

O Eterno e seu plano fascinante: uma jornada de fé e destino

O propósito eterno de Deus, a promessa da salvação e o destino da humanidade, compreendendo seu papel crucial na realização do Reino de Deus na Terra.

A jornada de Gênesis ao Apocalipse

A história da humanidade, desde a criação até a consumação, é um testemunho do plano divino. De Gênesis, onde a promessa de salvação é revelada, ao Apocalipse, que retrata a culminância da história, Deus se move com propósito, guiando a humanidade em direção à sua gloriosa redenção.

O plano da salvação

No centro do plano divino está a promessa da salvação, um ato de amor e graça de Deus para restaurar a humanidade à sua perfeita comunhão com

Ele. O sacrifício de Jesus Cristo na cruz é a pedra angular da salvação, abrindo o caminho para a reconciliação com Deus e a vida eterna.

O destino eterno da humanidade

O plano eterno de Deus não se limita apenas a esta vida, mas se estende à eternidade. Deus deseja que toda a humanidade, por meio da fé em Jesus Cristo, participe de sua glória eterna, desfrutando de uma vida plena e abundante no Reino de Deus.

A geração do Reino de Deus

Somos chamados a ser participantes ativos na construção do Reino de Deus na Terra. Por meio da obediência à palavra de Deus, da prática do amor e da justiça e da proclamação do Evangelho, contribuímos para a expansão do Reino e a transformação do mundo.

Alcance global da salvação

O plano de Deus para a salvação é universal, destinado a alcançar todos os povos e nações da Terra. Somos chamados a ser missionários, levando a mensagem de esperança e salvação a todos os cantos do mundo, para que todos possam experimentar a graça de Deus.

Como participantes do plano eterno de Deus, somos chamados a viver de acordo com o propósito divino, compartilhando a mensagem de salvação e contribuindo para a realização do Reino de Deus na Terra. Nossa jornada de fé não termina aqui, mas se estende para a eternidade.

Em busca do Reino Eterno

Com esperança e fé, avançamos em direção ao futuro, unidos à promessa eterna de Deus. Nossa missão é continuar a compartilhar a mensagem de salvação, construir um mundo mais justo e amoroso e participar da obra gloriosa de Deus na Terra.